培養歷史思考，
提升思辨、洞察及論述力！

【增訂版】

原來歷史可以這樣學

建國高中 歷史科教師
黃春木 著

增訂版序

讓我們一起歷史思考吧！

很高興，《原來歷史可以這樣學》竟然享有增訂再版的機會。

回顧二〇一五年出版迄今，因爲「108課綱」於二〇一九年開始實施，臺灣的高中歷史教育出現兩個明顯的改變。

一是由「通史」轉向而更偏重「專題」形式，過去經由通史爲大家所熟悉的「正統」時間架構式微了，這當然引發了一連串的質疑及辯論，未曾停歇。

二是導入「探究與實作」課程（2學分），使得自「95課綱」以來所倡導的「歷史思考」，終於有了正式的學習及實作機會。這一部分的改變，多數人是贊同的，但批判還是有的，主要集中於「如何教」。不過，追根究柢，更根本的議題應是「如何學」。

學習歷史應該著重記誦，還是思辨，取捨之間當然就會左右「如何教」的設計及安排。

面對以上兩種改變，在大方向上，本書的關切是相同的。然而，上述改變僅是開始，距離理想的歷史學習，還有很長的一段路得走。比較詳細的討論，請參看本書原來的〈作者序〉，以及〈前言〉。

當出版社通知我爲本書修訂時，幾經思量，最後我僅就文字，作出小幅度的調整，主要心力則放在增加一個章節：〈沒有結束的一戰〉（很「腦殘」的想法？），意在凸顯「歷史思考」的特性，同時表達對於當前國際情勢的關心。我始終認爲「歷史是通往未來的過去」，撫今追昔，我們確實可以透過「一戰」歷史的再理解，思辨目前世局的發展，鑑往知來。

有了「時間向度」所帶起的新視野，當我們立足現在、前瞻未來時，才能有底氣，以及智慧。

感謝商周出版長久以來對於本書和作者的支持，讓我可以在「歷史教育」上，擁有一抒己見的機會。

學習歷史不是爲了升學考試，或僅是因爲課表上有這一門課。學習歷史，可以讓我們發展歷史思考，因而擁有更好的思辨、洞察及論述能力。在ＡＩ時代中，對於「人」而言，這些能力其實更是關鍵。

作者序

我們為何要學歷史？

「歷史」之所以存在，來自於回顧和反思，這是身為人類十分關鍵的基本能力，透過在時間長河中來回思考、評估、想像等心智活動，因而誕生了「歷史」。只要我們擁有回顧和反思的能力，我們就擁有「歷史」，和「歷史」形影不離，並且具有學習「歷史」的基本能力。

無論短暫如人類的「歷史」，或者人類所賴以爲生的地球漫長「歷史」，爲了探究其變遷的原因、過程與影響，人類設法將這樣的過程和因果關係加以「時間化」，因而建立了一種可以敘述、議論、溝通的時序架構，經由這樣的架構，歷史思考或研究就可以方便展開。這個部分，就是我們學習「歷史」的重點和主要內容。我們之所以要學習這樣的「歷史」，是因為我們永遠需要參與一個比自己更大的世界，這個世界滋養我們，而我們得回饋和傳承。

「歷史」雖然來自於過去，但它永遠是當下人們思考、評估、想像等心智活動的成果，而且不僅對於現在，也會對於未來形成影響。這就是「歷史」之所以重要的理由。透過「歷史」，我們蒐尋寶貴的文明資產，了解過往成敗的經驗和教訓，但一切主要是為了現在及未來。基本上，我們總是帶著疑惑回溯「歷史」的，但我們的心往往關切現在、嚮往未來。

有幾句話，可以歸納上面這些想法：

歷史是一門在時序脈絡當中探究變遷的學問。

歷史是人類活動的實驗室，也是人類文明的資料庫。

歷史是佇足現在的過去，也是通往未來的過去。

我們有許多人是因為感受到「歷史」的無窮魅力，而願意全心投入，願意花了人生大半輩子學習，並且還希望能夠將一些心得拿出來分享，好讓大家在歷史思考中也能得到「自由」，以及「快樂」。有什麼「自由」和「快樂」，比得上可以在時間長河中來回無礙地思考、評估、想像，而且從中得到感動、智慧與勇氣的收穫呢？

這樣的心意和願望，特別是在政治過於干擾歷史學習的時刻，尤其顯得珍貴。

今天在臺灣學習歷史，不是太無聊，就是太嚴肅了。無聊，是因爲學校裡頭的歷史課幾乎已經被「四選一」選擇題的「限制反應」給綑綁了。所謂「限制反應」，就是只有一個選項是正確的，譬如標準答案是A，大家就只有選A才能得分，選其他三個選項就不會得分，甚至還要倒扣分數。至於答對的學生怎麼推導出A，那就無須聞問了。但稍微有一些教學經驗的人就知道，學生如何思考、推導、答題是一個黑箱子，我和幾位很勇敢的朋友曾經試圖打開過，結果充滿驚嚇！

嚴肅，則是因爲長久以來，學習歷史早已經涉及國家定位的大是大非，朝野各方多在字斟句酌中細膩周詳地辨明，甚至還可以依照用詞進行「我們」和「他們」的分類，猶如專制國家才會存在的文字及思想審查。

學習歷史，眞的得這麼無聊、嚴肅嗎？

或許有朝一日，我們應該把臺灣的歷史學習何以會無聊、嚴肅的這段歷史拿來加以研究才是！

這本書當然無法改變、取代課程綱要和教科書，但起碼可以讓對歷史學習有所期待的人，有機會轉變被教科書或考試牽著鼻子走的閱讀經驗和習慣。受限於篇幅、時間，以及知識背景，本書「目前所呈現的」與「原來希望呈現的」之間，其實存在著不小的落差，但核心關懷是沒有差異的。

我們學習歷史，實在需要有一個更大的思考格局，才能夠看得廣一點、遠一點。因爲人很精彩，而且人（及其群體、組織）永遠是在時間、空間，以及自我的意念中彼此聯結、交互作用，有理性，也有非理性；有主動，也有被動；有不少喜悅，也有許多無奈。而且，決定歷史面貌和走向的「人」，絕不是只有上層菁英，所有的人，儘管未必都留下姓名，但他們在自然環境、社會環境中的種種行動，都深深地對於當時，以及往後的歷史發展產生影響。這是我們在學習歷史時，必須隨時謹記在心的。而本書也是基於這樣的理解，加以編寫和探討的。

「學好歷史」和「打開思考的格局」是相互作用的。本書希望能夠在「打開思考的格局」以便能「學好歷史」這一部分，做出一些貢獻。然後，盼望大家能夠「學好歷史」，透過「歷史」打開「視界」，擁有寬廣的「世界」。

而這也應該是歷史老師們，以及歷史研究者們的「莫忘初衷」。

目錄

前言

這本書的重點不在講歷史故事，性質也不屬於幫助應考的工具書。

會出現這樣一本書，最根本的理由是因爲「歷史」實在太有趣，又太重要了，但可惜的是，大多數學生幾乎無法從歷史教科書，甚至歷史課堂上獲得這樣的體驗、享受。

學習歷史，當然不是只有聽故事而已。故事是媒介，開啓格局或視野才是目標，提升思考能力才是關鍵。當然，這不能只是倚賴老師或者教科書。如果我們自己可以先做出一些準備、具有一些基礎、進行一些練習，那麼在閱讀教科書、參與課堂學習，或者日常生活中遇到和歷史有關的議題時，就可以更加容易進入狀況，掌握較爲統整的理解，不會被有成本考慮、內容濃縮的教科書所侷限，不會被有進度壓力、語焉不詳的教學所壓抑，也不會被有政治盤算、道聽塗說的言論所迷惑。

除了前言之外，本書共有六章，包括：「氣候創造歷史」、「改變自然創造文明」、「在時間的長河」、「沒有結束的一戰」、「脈絡化的理解」、「原來歷史這樣學」。

這六章可以歸納成兩個部分。

第一個部分的主旨是關於「歷史思考的格局」，由「氣候創造歷史」、「改變自然創造文明」、「在時間的長河」、「沒有結束的一戰」四個單元來呈現。

天（氣候）、地（環境）、時（時間），是我們在進行歷史思考過程中應該要設法拓展的三個面向，從這三個面向拓展，我們才能具備一種「大格局」，不會淪爲「小鼻子、小眼睛」，從頭到尾只是一味自大、自滿的人。

天和地都屬於「自然」，人如何與自然相處，建構和維繫各種可能的關係，這就是「文明」產生的關鍵。而人類的各種思考、知識和行動，既理解，也影響了人和自然的關係，以及後續的文明走向。我們學習歷史，就應該要重新看待、關注與反思這樣的人與自然的關係，不能只是侷限在人自己的世界裡，忘了天和地在歷史中不容忽視的巨大影響。

在「歷史思考的格局」這個主旨下，「天」的部分將會探究氣候對於歷史的種種影響，「地」的部分則會討論人類利用、改造自然環境而創造文明的幾個重要議題。

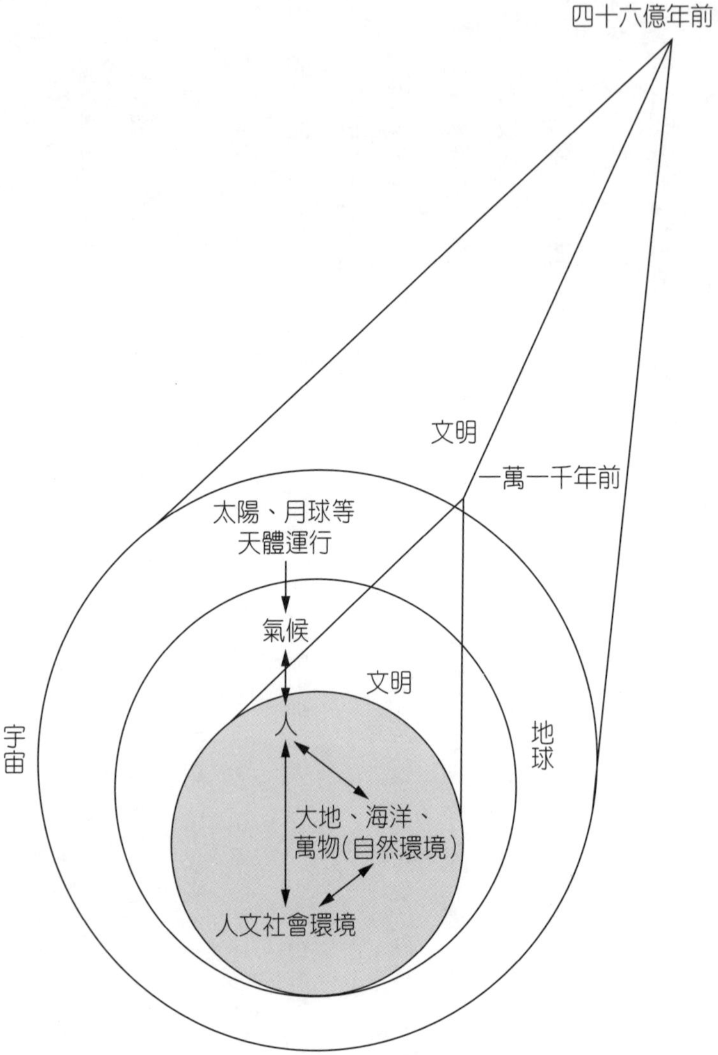

圖1 歷史思考的格局

至於「時」這個要素，正好是歷史學得以建立、運思的核心，居於無與倫比的地位。基本上，一個歷史思考往往就是時序的思考，不過歷史思考所運用的「時間」遠遠複雜多了，不是只有秒、分、時、日這樣的「機械時間」而已。如何運用各種「時間」進行思考和行動，無論在歷史上，或者此時此刻，都是一個值得深入探究的課題。

圖1呈現的就是歷史思考可能的最大格局，在至少以四十六億年爲範疇的「時間／歷史」之中，嘗試探究大約一萬一千年前開啓的「文明」，這個屬於人類的「文明」，是在人類、自然環境、社會環境，以及氣候、宇宙天體運行的交互作用中所形成與發展的。司馬遷指陳「究天人之際，通古今之變」，今日看來，可能的最大格局應是如此。

第二個部分的主旨是關於「歷史思考的方法」，由「脈絡化的理解」、「原來歷史這樣學」兩個單元來呈現。

歷史不是「背科」，光靠死背強記，或許可以應付四選一的選擇題，但絕不可能學好歷史。這裡所謂「學好歷史」，指的不一定是要成爲歷史學家，或者像專業史家一般細瑣繁複地耙梳史料、建構證據、洞燭人情事理的幽微。就中學生而言，學會脈絡化的思考和理解，進而可以領略「歷史理解」的嚴謹和樂趣，有一些機會練習、實作，了解原來歷史的「發現」是有方法、邏輯、規範的，其實已經相當足夠了。

換個角度來看，如果學生可以從歷史學習（回顧及反思）中熟悉脈絡化思考和理解的態度、方法，這對於他成爲一個「人」與「公民」是大有幫助的，對絕大多數人而言，這才是學習歷史的目的。第二個部分主旨的關切，其實主要的著眼在此。

爲了不讓相關的探討過於理想化，或者與讀者的知識背景、學習經驗脫離甚遠，本書所涉及的主題沒有太廣泛，而且皆與高中歷史教科書有關。同時，雖然沒有很緊密的貫串，但「氣候變遷」、「英國」、「工業革命」等題材在書中各章間出現的篇幅相對較多。

除了前言之外，其餘五章都設定一個主要課題加以探討，第一至第五章又都區分出三個部分加以呈現：

1. 歷史可以不一樣

依據設定的課題，呈現有別於歷史教科書的觀點或內容。

2. 歷史課本這樣說

依據設定的課題，將歷史教科書中相關的觀點或內容加以簡介、說明和評析。

3. 歷史可以這樣學

依據「歷史可以不一樣」所鋪陳的觀點或內容，再列舉教科書中更多的相關題材爲例，提供學習此一課題所需的知識、方法，以及新的觀點或架構，並設法提示、引導學生「學習如何學習」。

此外，在內文適當的段落間，另安排了若干可以提醒、引發思考的問題，主要目的是在一些應該注意的地方減緩閱讀的速度，暫停一下想想看，避免因爲一路閱讀下來，忽略了關鍵內容。在每一章最後，則提供主要的參考資料，這些資料也是可以延伸閱讀的選擇。

簡要來說，本書的目的在於希望提供（或示範）一個概觀式的認知架構，同時運用其他學科的觀點（perspectives），進行跨領域的探究，藉以理解人類文明發展的部分梗概。並且，嘗試剖析在針對人類文明的發展進行「歷史理解」時，應該如何從一個較大格局、跨學科領域進行思考或探索，才比較能夠掌握文明發展的意義、機會、教訓，同時實現歷史學習的價值。

第一部

歷史思考的格局

第1章 氣候創造歷史

歷史可以不一樣

氣候變遷，當代最重要的全球議題之一。

在歷史課堂上，「氣候變遷」也被視為「當代」課題，但往往是到了世界史的最後一個章節才應景式的處理，並且總是與「環境保護」、「節約能源」的呼籲連結。

幾乎所有的歷史教科書，以及大多數的老師，都會依循著例如「工業革命↓過度開發自然資源→製造大量廢棄物及溫室氣體→海洋溫度升高→生態系統出現危機→糧食匱乏→社會與經濟面的衝擊」這樣的邏輯，一方面將問題上溯自工業革命，另一方面則是探討當代一些解決問題的行動，譬如一九九二年聯合國召開第一屆地球高峰會議、一九九七年簽署《京都議定書》、二〇一五年簽署《巴黎協定》，或者綠色和平組織在世界各地的抗議活動等。有的版本還會談談美國前副總統高爾（Albert Arnold "Al" Gore, Jr., 1948-），介紹《不願面對的真相》（*An Inconvenient Truth*）這部紀錄片，以及高爾和聯合國轄下的「政府間氣候變遷專門委員會」（Intergovernmental Panel on Climate Change, IPCC）同獲二〇〇七年諾貝爾和平獎的殊榮。

反思：但是，氣候變遷真的只是「當代」議題嗎？

長久以來，在我們的歷史課裡，彷彿千萬年間氣候不曾變遷，亙古如常。這當然是錯誤的。遠的先不說，讓我們先來了解「中世紀溫暖期」（Medieval Warm Period）吧。

「中世紀溫暖期」的年代跨距，大約落在西元八百年至一千三百年間，亦即九世紀至十三世紀，將近五百年。在中國，相當於唐朝後期至南宋，以及「大蒙古國」崛起到建立元朝之時。在西歐，大概是查理曼（Charlemagne, 742-814）加冕為「羅馬人的皇帝」，直到「大學」興起的時期。在西亞和北非，阿拉伯人、塞爾柱土耳其人、摩爾人在這幾百年間，讓伊斯蘭世界蓬勃發展。在美洲，差不多是馬雅文明衰落，印加人剛開始形成城邦國家的時期。

應該要先提醒的是，雖然中世紀這四、五百年間普遍出現溫度上升的現象，但若以一千年為基準的範圍來衡量，平均的升溫大概都落在1℃之內。即使比較極端的一些年段，也很少上升超過2℃。不過無論如何，整個中世紀溫暖期的氣溫，應該是比現在稍低的。

此外還必須注意的是，在那數百年的暖化期中，不同地區的氣候變化，部分有週期性的起伏，部分則是很不穩定。同時，也不要忽略了極端氣候（大旱、暴雨、酷熱、嚴寒）的存在。然而大致看來，整個中世紀溫暖期的變遷幅度，若與工業革命以來的情況做對比，中世紀時仍是較為和緩的。

簡單地說，我們對於暖化期的「想像」，絕對不應該是風和日麗、氣候宜人。在中世紀溫暖期裡，許多地區依然不時為水災、旱災與寒冬所苦，對於當時以農業為主的社會而言，生存考驗仍舊相當嚴峻。

接著，就在「中世紀溫暖期」這個課題之下，我們先盡量將歷史教科書裡會提到的內容加以編排，然後再一起來重新解讀九至十三世紀的歷史。

歐洲

與世界各地相較，中世紀溫暖期的歐洲，尤其是西半部鄰近海洋的地區，可能的氣候狀況應該比較理想，低溫或暴風雨出現的頻率不高。四、五百年間的氣候大致上是溫暖而穩定的，冬天變得比較舒適，而夏天則持續得更長一些。同時伴隨出現的是冰帽融化、山區林木線（tree line 或 timberline）上移，以及北海海平面上升。

歐洲在羅馬帝國於西元四七六年崩潰之後，直至十四世紀初期「文藝復興」（Renaissance）開始，經歷了一段所謂的「黑暗時代」（Dark ages）。不過，「黑暗時代」是一個很容易讓人迷惑、誤解的名詞，事實上，九世紀之後，比較溫暖而溼潤的氣候促進糧食作物生長，造成人口的增加、城鎮的繁榮，以及貿易範圍的擴大。隨之而來的發展是經院哲學（scholasticism）興起、大學創立，以及人們感恩上帝的眷顧不惜巨資建造高聳入雲的哥德式大教堂等現象。此外，不可諱言地，文藝復興蓬勃發展的基礎也在此時逐步建構起來。

換句話說，當我們看到中古後期大學出現了，知識菁英醉心於哲學思考，商人組成行會，開始到遠處貿易，而民眾願意支持大教堂的興建等，大概可以想像當時的民生經濟應該有比較理想的狀況才對。

反思：「糧食作物生長」和「人口的增加」之間的關聯，應該如何加以分析？兩者互動的後續影響，可能是什麼？

另一方面，如果我們暫時停止閱讀，靜下心來再仔細推敲「糧食作物生長」和「人口的增加」之間的關聯，便會發現兩者並非只是「糧食作物生長→人口的增加」的單向關係而已，人口的增加勢必反過來催促更多的糧食生產，很快地，現有耕地不符需求，人們必須設法開闢更多的耕地。

在這種情況之下所造成的影響，將是非常全面的。會有什麼影響呢？多數學生通常先想到的是「環境生態（譬如森林）將會遭受破壞」，少數學生會衡量、推論「歐洲當時的莊園制度」可能面臨的衝擊。而只有極少數的學生還會進一步考慮農耕現場的技術、方式轉變，以及土地利用的制度性變革。

中國及蒙古

處於中世紀溫暖期的中國，影響其氣候環境的關鍵不在於地表溫度上升多少，而在於季風的消長，以及太平洋海水溫度的變化。

九至十三世紀的華北，週期性的乾旱問題頗為嚴重，主要原因很可能是每隔數年發生一次的聖嬰現象（El Niño）。赤道東太平洋地區海水溫度在冬季時上升，隔年副熱帶高壓增強，往西延伸，阻擋夏季季風北上，導致黃河流域降雨減少，甚至發生乾旱，華中、華南的部分地區則可能因為暴風雨而發生水災。

大致而言，東亞地區在十至十三世紀期間，可能經常面臨赤道太平洋地區海水溫度上升，進而干擾季風氣候的現象。但這樣的現象究竟與氣候暖化之間存在什麼關係，目前仍是一個謎。

不過，從唐朝、五代十國，直到遼、金時期，華北地區經常苦於降雨稀疏或大規模乾旱的事實，這便迫使那個時代的政府與人民，不得不面對作物歉收和饑荒所助長的社會動亂，乃至政權盛衰興替的考驗。

十世紀之後，契丹人、女真人先後南下，並且建立王朝，可能的原因就是乾旱期的危機，以及南方政權的不穩定。無論是契丹人游牧的北方草原，或是女真人居住的東北農牧地區，乾旱問題致使他們必須向外劫掠或遷徙，而「南方」往往是首要選擇。不過，先後建國、定居於華北地區的遼（契丹）和金（女真），一樣得接受即使是豐年，穀物收成頂多只能讓全國人民勉強過活，難有剩餘的經濟現實。

相形之下，喪失傳統王朝北方領土的宋朝，景況就大不相同了。宋朝穩穩掌握長江流域的富饒，這個溫暖、溼潤的區域在隋唐時代便已備受仰賴，透過大規模的漕運，進行南糧北送的任務。宋朝，以及後來的元、明、清時期，莫不耗費龐大人力、物力和財力興築、維持大運河的正常運作。來自南方的糧食和稅收，也一直是唐代之後各個王朝的命脈。

> 反思：宋朝的弱小，是因為「重文輕武」嗎？「輕武」可能確保「重文」，讓宋朝發展出水準那麼高的思想、文藝成就？

處於中世紀溫暖期當中的宋朝，國土在中國正統王朝裡是最小的，對外作戰又經常失敗。幾乎所有的中學生對於宋朝的第一個印象，就是「弱小」。多數學生將原因歸咎於「重文輕武」，其中有些人會順著這樣的邏輯，注意到宋朝的文學、藝術、哲學發達。但是，只有極少數學生會從教科書中的內容歸納，發現宋朝其實是中國歷史上經濟最富庶的時代之一。又弱小、又富有？這樣的兩相對照，落差真的好大！

反思：宋朝真的很富有嗎？有哪些證據可以支持這樣的說法？

當然，我們一樣無法將宋朝的農業發展，完全歸因於中世紀氣候較為溫暖這個現象，因為「中世紀溫暖期」只是一個概略的說法，其間的變化依然十分多樣，而且明顯。更何況我們從宋朝的歷史文獻紀錄中可知，在兩宋年間發生的水、旱、風、雹、霜等天災是頻繁的，即使是長江流域也絕非一直風調雨順，它在氣候上的優點只在於變化沒有黃河流域大，而且多數時候較有利於農業的進行。但無可諱言，這樣的差別，便已足夠讓長江流域的經濟發展大為不同。

至於十二至十三世紀的蒙古人，因為北方大草原頻頻遭逢乾旱，迫使游牧民族必須遷徙，這應該就是大蒙古國第一任大汗成吉思汗（1162-1227）及其子孫的大軍向西、向南擴張的氣候背景。

值得注意的是，一二三〇年代拔都（1208-1255）統率蒙古大軍，倚靠優良的馬匹、精湛的騎射技巧、靈活的戰術，策馬攻佔克里米亞半島，入侵波蘭、匈牙利等地，大敗歐洲的重裝騎兵，一二四一年甚至還曾圍攻維也納，嚴重威脅神聖羅馬帝國。然而，卻在此時傳來第二任蒙古大汗窩闊台（1186-1241）去世的消息，拔都才撤軍返回蒙古，隔年在征服地建立欽察汗國（金帳汗國），控制富庶的伏爾加河（窩瓦河）流域。

大約就在一二四〇年代，溫度略為下降、雨量增多的天候重返大草原，牧草更為豐美。儘管拔都一直沒有打消再度西征的企圖，但先前所攻佔的領土已經十分遼闊，人民生活安定，經濟繁榮，遠征的野心可能因此就比較不容易再被激發。

至於往南方的擴張，蒙古大軍先後滅亡夏（1227）、金（1234），以及南宋（1279），建立元朝，統一原先分立的政權。

在目前高中歷史教科書的處理中，「蒙古的擴張」屬於「世界史」的範圍（置於第三冊），不在「中國與東亞史」（第二冊）裡，但蒙古人滅亡夏、金，建立元朝取代了南宋，則是「中國與東亞史」的題材。之所以會這樣畫分，主要是受到教科書編寫的

「歷史背景」所影響，充滿國族主義的意識。但是，歐亞大陸氣候的變遷，以及族群、文明之間的交流或衝撞，哪有可能區分成「世界史」、「中國與東亞史」來探討？

西亞和西非

西亞地區主要是由阿拉伯高原、伊朗高原、安納托利亞高原三大高原構成地形主體。由於地形的阻隔，加上因副熱帶高壓籠罩，周圍水氣不易進入，氣流多來自乾燥內陸，而高空下沉氣流又造成增溫，所以全年乾燥少雨，而且年溫差極大。

「美索不達米亞」（Mesopotamia）位居三大高原之間，由底格里斯河和幼發拉底河沖積而成，地勢平坦、土壤肥沃且水源豐沛，利於農業發展，是西亞地區自然條件最為理想之處。

七世紀時，阿拉伯高原的降雨量開始有所增加，糧食供應隨之改善，人口跟著增加，這正是穆罕默德（Muhammad, 571-632）和信徒創立伊斯蘭教，並向外傳播的年代。傳教的熱忱，伴隨軍事、經濟的擴張，使得伊斯蘭文明迅速興盛，八世紀之後已經將美索不達米亞、伊朗高原、北非、伊比利半島打通，同時進入了北印度，涵括更多的民族，整合更多資源，甚至跨越了撒哈拉沙漠，到達西非的迦納地區，開啟繁榮的「金鹽貿易」（gold and salt trade）。中古時期伊斯蘭文明的發展，比歐洲精采多了。

九至十一世紀時，迦納是西非最強盛的國家，控制跨越撒哈拉沙漠的貿易路線。伊斯蘭勢力抵達西非時，迦納東北方的馬利地區人民比較早成為穆斯林，到了十一世紀後期，伊斯蘭勢力才進一步攻佔了迦納。

從西亞到西非，除了美索不達米亞、地中海沿岸等少數區域之外，乾燥少雨，乃至沙漠的地表景觀是十分典型的，阿拉伯人、土耳其人、摩爾人等能夠順利在這些區域活動，必須仰賴信仰、知識、技術與配備，方能克服大自然的限制，而駱駝的貢獻也是關鍵。

阿拉伯人在八世紀進入當時降雨略為豐沛的中亞草原時，土耳其人（突厥人）開始加入伊斯蘭世界，十世紀之後經由兵權的掌握，逐步取代阿拉伯人的統治。部分阿拉伯人在政治、經濟情勢轉變的情形下離開西亞，循著波斯灣或紅海南下，進入印度洋。在西南季風強勁、印度洋航海路線改變、南亞和東南亞降雨增多的情形下，往西進入東非，往東進入南亞和東南亞。

至於將伊斯蘭世界與西非地區（迦納、馬利）聯繫在一起的摩爾人，則是在九世紀之後歷經多場漫長乾旱、多變氣候的撒哈拉沙漠及「撒赫勒」（Sahel）等地區活躍，推動黃金貿易。

我們對於中世紀時期的西亞、北非、西非，其實是很陌生的。或者，比較精確來說，絕大多數學生在地理課上得到的知識，無從與歷史課的學習連結在一起。其實，「會不會讀書」的差別，關鍵就在這裡。我們自己應該設法歸納、比對相關資訊，形成寬廣、統整的視野，不讓學科的區隔產生理解或想像的限制。

> 反思：如果攤開地圖來看，想像阿拉伯人向外發展的方向，再對照九世紀之後的歷史發展，我們能否從阿拉伯人等穆斯林的眼光（而非歐洲人的眼光），重新「發現」一幅統整的世界史圖像？

美洲

美洲西部，在北邊的美國、墨西哥，以及南邊的智利、阿根廷境內，幾乎橫亙著綿延不絕的沙漠，在中世紀溫暖期裡，美洲西部承受大規模、長時間的乾旱侵襲，情形比今日嚴重許多。

相形之下，中美洲大部分的土地是多山的森林區，高原台地或丘陵地區氣候較為涼爽，是主要的人口集中地。馬雅文明的發展涵蓋今日墨西哥東南部，直至中美洲北部猶加敦半島地區，在今日算來，這些地區的年平均雨量雖然差異頗大，但多數地區仍屬於熱帶溼潤氣候，只是在莽原氣候區全年旱、雨兩季明顯，雨季集中三分之二至四分之三的降水量，應是相關社會經濟活動最大的考驗，也正是馬雅文明當年面臨的氣候問題。

在中世紀溫暖期之前，大約六世紀開始，直到九世紀，繁榮的馬雅各城邦普遍遭遇週期性，但每一次都延續多年的嚴重乾旱問題，北大西洋地區氣壓和海洋間的互動關係，以及聖嬰現象，可能是其中的主要癥結。另一方面，馬雅文明主要發展的猶加敦半島地質，大多是由海中隆起的石灰質暗礁，土壤並不肥沃，而可以提供豐沛淡水的河川也不多，雨旱季雖然分明，但降水又不像其他熱帶溼潤氣候區那般豐沛而且穩定。長久以來，馬雅人即設法努力保留住最大量的水資源，並將農地使用到最極限，以滿足龐大人口的需求。

六世紀之後，水資源與民生經濟需求之間的平衡日益緊張，到了九世紀時終於崩裂，整個文明迅速瓦解。十二世紀之後，氣候變得較為溼潤，猶加敦半島北部的聚落、城邦依靠石灰岩溶洞中的地下水稍稍恢復繁榮，但已經元氣大傷。

我們的歷史教科書對於歐洲人到達之前的美洲，其實著墨不多，長久以來就只有所謂的「三大古文明」，不僅篇幅有限，而且相關的內容和觀點在過去這三、四十年間甚少改變。值得提出來討論的是，「三大古文明」一詞，其實帶給學生許多的誤解。這些文明究竟多麼「古老」呢？大家可以自己動手查一查。

> 反思：所謂美洲的「三大『古』文明」——馬雅、印加、阿茲特克，究竟各是在何時形成與發展的？

真正比較有資格說是「古老」的，大概只有馬雅。應該注意的是，阿茲特克和印加都亡於西班牙人之手，但馬雅在西班牙人到來之前已幾近消逝，文明掩沒於叢林之中，不過，我們多數的歷史教科書對此是語焉不詳的。

關於馬雅文明的發現與研究，大約晚自一八三九年才開始，美國考古學家史蒂芬斯（John Lloyd Stephens）與英國畫家加瑟伍德（Frederick Catherwood）循著傳說和有限的文獻，在那一年找到一處馬雅遺址科潘（Copan），往後便引起學界廣泛考察研究的興趣。

從一個宏觀的角度來看，根據中世紀溫暖期相關文獻的探討，暖化現象對於中緯度以北地區的正面幫助應該是比較多的，歐洲的現象就是一個實例。但對於亞洲、非洲內陸、中美洲，或者熱帶地區而言，暖化通常帶來的是災害，而「乾旱」才是最恐怖的文明毀滅者。

> 反思：乾旱或洪水，哪一個問題對於文明的衝擊與傷害比較嚴重？主要原因為何？

歷史課本這樣說

不太令人意外地，中學歷史教科書幾乎不曾談及「中世紀溫暖期」。更具體地說，歷史教科書原來幾乎是沒有關注「氣候」議題的。

在由政府統一編寫發行的「國編本」年代，歷史教科書內容充斥著政治、軍事的課題。一九九〇年代後期開放民間編寫之後，以高中歷史教科書為例，迄今（民國一一三年）總共歷經四份課程綱要，在各家出版社發行的版本中，只有極少數版本曾略為涉及中世紀溫暖期的歐洲，但只是涉及，性質上較屬於是那個章節主要內容的前言或背景。而且，只有歐洲，類似的「提示」不曾出現在亞洲史（包含中國史）的題材中。至於向來不受臺灣歷史教科書重視的非洲史，或者美國立國之前的美洲史，當然更不可能有所處理。

誠如前文提到的，「氣候」在歷史教科書中一直是缺席的。但是，如果要放入「氣候」議題，歷史課程應該怎麼處理呢？

> 反思：「氣候變遷」不是屬於自然科學的研究範圍嗎？歷史教科書可以怎麼處理「氣候變遷」課題呢？

關於氣候如何變遷，那是氣候學、地質學等學科的專業，歷史課程可以關注的應該是：在那些「氣候變遷」的狀況下，人類的社會活動、文明發展遭遇到何種影響？因此做出了何種「決策」？展開何種行動？而這樣的行動，又導致何種歷史的演變？

套用這樣的觀點，我們可以來做一個簡單的練習。

請再仔細翻閱歷史教科書，我們可以發現：雖然教科書中沒有處理「中世紀溫暖期」，但是某些課題之下卻零散地交代了許多相關現象，尤其在歐洲史關於「中古的復興」之探討中。譬如：三田輪作制的規畫，重犁、馬轡的發明，以及城鎮的繁榮、跨區域貿易網絡的發展等。這些課本中的蛛絲馬跡，其實就是在「中世紀溫暖期」裡歐洲社會人文活動轉變的關聯現象。

相形之下，如果翻閱西亞、中美洲等相關章節，那些中世紀時期的篇幅大抵上都沒有社會生活、庶民活動的描述，主要都是政治、軍事的範疇，以及屬於菁英階級、上層社會精緻文明的內容。至於西非，或者整個非洲（以及北美洲、大洋洲等），我們的歷史教科書涉及得更是稀少。

不過，在中國史的部分，與宋朝有關的社會、經濟探討一直都是豐富的，題材相對比較足夠，因此我們可以把「宋朝」挑出來練習，和歐洲的「中古復興」一樣，我們可以將其中的重點與氣候串連在一起，編排出新的脈絡，或者開啟一種新的思考與討論。

歷史可以這樣學

順著關於「氣候與歷史」的討論，我們「突然」發現一個講起來幾乎是很白痴的事情：原來氣候跟歷史發展很有關係喔！

雖然晚近臺灣的中學歷史教科書有增加一些新內容或新觀點，不過整個來看，過去數十年間歷史教科書的章節架構、呈現方式、主要課題與論述模式，新舊版本間的變動頗為有限，依舊最在意政權、王朝、國家興衰，以及上層菁英在政治或學術範疇的想法與作為，對於「人」、「庶民」、「日常生活」相當不關心。以「氣候」而言，儘管這個議題已是無比重要、急迫，但我們的歷史課卻無動於衷。

> 反思：如果重視氣候議題，歷史課程會不會因此開始對於「人」、「庶民」、「日常生活」產生較充分的關注？

瀏覽國高中的教科書，可以發現在公民、地理，甚至生物教科書都會處理到「氣候」議題，但歷史的課程綱要及教科書卻繼續漠視，彷彿這個議題不曾存在過！

延續氣候的課題，以下我們再擴充三個重要的討論。這三個討論還是跟氣候有關，但各有特別的目的。

1. 忽必略和腓力二世的挫敗：其實，歷史教科書中散置在各冊、章、節的內容是可以運用一個主題（譬如氣候），經由「時序」加以排列、對比、整合，探究其中的時空關係（relations of time and place），或者因果關係（causation，或 cause and effect）。千萬不必死心眼的每一次都是從第一頁讀到最後一頁，而是要嘗試先抓有趣、重要的主題，自己「梳理」一遍。在這樣的型態下，依據主題而讀書的標準動作應該是，「翻閱、自由聯想、作筆記（摘要、開始繪製圖表）→翻閱、自由聯想、作筆記（摘要、修改和繼續繪製圖表）……」

這種本事的練習很重要，在本書第二部「歷史思考的方法」的內容還會再討論。

2. 小冰河期：擴充大家關於「氣候和歷史」的了解。基於同樣的目的，我們可以發現目前分散在不同冊別、章節，甚至是不同科目的內容，其實是可以整合的。

3. 氣候（環境）決定論：這是將歷史的題材，結合地理學課題，而提升到哲學層次的討論。無論「歷史」這一科目的學習，或者人類歷史的發展，針對「決定論」的探究是十分重要的，這關乎我們怎麼學習知識，如何看待自己，以及他人，甚至於接下來還會關乎個人或群體的抉擇與行動。

忽必略和腓力二世的挫敗

天氣對於日常生活的影響，其實是很直接的經驗，但是我們在閱讀歷史時，卻幾乎完全忘記天氣、氣候的作用。當然，有人會開玩笑說，就連一代梟雄拿破崙（Napoléon Bonaparte, 1769-1821）、希特勒（Adolf Hitler, 1889-1945）也都忽略氣候的影響，完全低估俄羅斯寒冬的殺傷力，而且希特勒比拿破崙更糟，因為他沒有記取拿破崙在一八一二年征俄慘敗的前車之鑑，地理學習不及格，歷史學習也不及格。

至於「不測風雲」對於歷史發展的影響也不容小覷。中學生最熟悉的兩場風暴，一是忽必略（1215-1294）兩度派遣大軍渡海攻擊日本。

一二七一年，忽必略建立元朝之後，數次遣使日本要求來向他朝貢，卻都遭日本逐回，因而忽必略以朝鮮水師為基礎，組成強大艦隊在一二七四年十月攻打日本。雖然初期進展順利，攻佔九州西北方幾個島嶼，海上大軍卻被突如其來的暴風侵襲，造成上百艘船隻毀壞，軍事行動被迫中止。

等到一二七九年忽必略滅亡南宋之後，一二八一年他決心再次征討日本，這次艦隊的規模更大，結果再次遇到颱風，據說損失將近八成兵力，無功而返。

日本因為兩次風暴而幸運躲過蒙古大軍的侵略，便將風暴聯想成為「神風」（kamikaze），認為這是上天「庇佑」日本國土所帶來的風。這段歷史日後成為日本的一種信仰淵源，甚至在二次世界大戰後期，日本還用上這個典故，進行軍事動員，將執行自殺任務的戰機取名為「神風」，希望獲得上天的垂愛，重創敵軍，挽救戰局。

另一場歷史上著名的風暴發生在一五八八年，當時是夏天。西班牙艦隊（Spanish Armada，Armada Invencible，不可擊敗的艦隊、無敵艦隊）由國王腓力二世（Felipe II, 1527-1598）下令組成，意圖對英國發動聖戰，推翻信奉新教的伊麗莎白女王（Elizabeth I, 1533-1603），重建天主教聲威。結果，這支號稱史上最強大艦隊因為火砲的限制，戰略、戰術的失誤，加上飽受數次的風暴襲擊，損失慘重。

在歷史上，通常我們認為無敵艦隊的失敗，宣告十六世紀西班牙海權由盛而衰的演變，此後西班牙再也無法控制北海地區，而北方的基督新教徒則信心大增，他們如同十三世紀的日本人一般，普遍相信這場勝利是上天庇護的明證。

不過，英國並沒有在海戰之後立即崛起，其海上霸權時代還要再晚個一百年左右，大約是十八世紀時才會到來。幾乎整個十七世紀期間，英國在內部的各種紛爭衝突中耗費許多心力，甚至還出現內戰。大家最熟悉的「清教徒革命」（1642-1651）、「光榮革命」（1688），涉及議會和國王之間、新興資產階級與保守勢力之間、天主教和英國國教之間，以及英格蘭和蘇格蘭之間，諸多衝突相互糾葛，明顯限制了英國的對外發展。

至於十七世紀歐洲的海上霸權是誰呢？答案是荷蘭，這對臺灣的學生而言並不陌生，因為荷蘭曾經在一六二四至一六六二年間統治臺灣，並以臺灣為轉運站，以巴達維亞（今印尼首都雅加達。Batavia 是古羅馬時期荷蘭當地的地名）為根據地，運用夏、冬季風，在季風亞洲（Monsoon Asia），包括南亞、東南亞和東亞地區，亦即從日本、韓國，經過中國東南部、香港與澳門，到東南亞的菲律賓、泰國、印尼，一直到南亞的印度、孟加拉等，發展出繁榮的亞洲季風帶貿易網絡。

英國大概是在清教徒革命引發的內戰結束之後，從一六五二年起才開始積極擴張海外勢力，因此不可避免地與荷蘭競爭海上霸權及殖民利益。經過數次海戰、陸戰，也付出不少代價，到了十七世紀晚期，英國逐步取得了主導的優勢，十八世紀之後，英國的全球擴張時代正式來臨。

小冰河期

「中世紀溫暖期」大約持續至十三世紀。十三世紀晚期的全球氣候開始改觀，逐漸變冷，冰帽擴大而向下延伸，海冰覆蓋面積也在增加。北大西洋沿岸頻頻遭受風暴侵襲，不利於航行，海岸也受到侵蝕，沿岸人口傷亡慘重，而且內陸洪水不斷發生，惡劣天氣出現的頻率逐漸升高，農作收成及漁獲量皆明顯下降，饑荒更是頻頻發生。歐洲的氣溫在十六世紀曾一度回升，但十七世紀的氣溫又明顯下降，低溫狀態一直持續到十九世紀中葉。

上述的氣候變遷現象，被氣候學家稱為「小冰河期」（Little ice age），五百年間的平均氣溫約比二十世紀低1℃。由於歐洲相關調查、測量的資料比較多一些，《漫長的夏天：氣候如何改變人類文明》作者費根（Brian Fagan）甚至引用文獻具體指明起迄年代，大約開始於一三二五年，結束於一八六〇年左右。

小冰河期對於全球各地的影響應該是普遍存在的。舉兩個比較鮮活、不嚴肅的例子來看。

首先，在我們印象中，生活於北極圈附近的因紐特人（Inuit，原被稱為Eskimos，具有貶義）是住在冰屋的民族，但其實他們原來是住在石屋，直到十五世紀之後氣候過於酷寒，於是他們在居住、漁獵技術等方面遷就環境而做出彈性的適應，成功地存活了下來。

其次，十五世紀歐洲的嚴重饑荒造成人口銳減、聚落廢棄。另一方面，中世紀溫暖期的茂密森林在此時已經大範圍縮減，飢餓的野狼侵入人類活動區域，攻擊人畜。這些景象，很有可能就變成了童話故事「小紅帽與大野狼」（Le Petit Chaperon rouge, Little Red Riding Hood）的創作背景。

至於小冰河期發生的成因，太陽活動趨緩，以及太平洋、菲律賓、新幾內亞、印尼、日本、冰島、安地斯山脈等地的火山接連不斷爆發，都是可能的因素。田家康在《氣候文明史》中有相當詳細的探究。

最值得注意的一場火山爆發，發生在一八一五年四月五日至十二日印尼坦博拉火山（Mount Tambora）大規模的爆發，厚重的火山灰飄落到爪哇、摩鹿加群島和婆羅洲，造成數萬人死亡，也影響全球氣候，尤其北半球氣候嚴重反常，甚至讓一八一六年夏天出現罕見低溫，成為「沒有夏天」的一年。從北美的新英格蘭，歐洲的愛爾蘭、日耳曼，一路到中國雲南（清代嘉慶二十一年）等地，都有當年天候異常、農作物歉收、嚴重饑荒的歷史紀錄。

小冰河期也在中國發生。大概從南宋後期開始，氣溫轉趨下降，元、明、清三代大多數時候都屬於比較寒冷的年代，尤其是明代中期以後，北方的黃河流域更趨於寒冷乾旱，十六世紀旱災發生次數甚至高達八十四次，應該居於各個時代之冠。不過，同時期的長江流域則明顯變得潮溼多雨。

類似的降雨增加現象也出現在北非、西奈半島、西亞等地中海周遭地區，可能是因為大陸性氣團和地中海氣團交會所形成的鋒面，由於天候趨於寒冷的過程中而南移所致。

小冰河期大約在一八六〇年代結束，之後雖然還曾發生過數次的嚴寒，但整體來看，現代的溫暖期已經開始。與一八六〇年代相較，今日地球表面的溫度平均大約已經上升0.8℃左右，這其中應該有一部分是由於工業革命以來大量使用化石燃料，與產生的各種汙染所造成的。當然，若和導致氣候變遷的自然力量對比，人為的問題究竟佔了

「暖化」的多少比例，眾說紛紜。

另一方面，部分的地質學家、物理學家主張目前的暖化現象未必是大問題，或是史無前例的問題。他們放寬視野，從氣候變遷史來看，現在雖比過去數百年都來得更溫暖，但與更長遠的歷史相較，目前的變動未必稱得上劇烈。事實上，過去百萬年間，冰河期循環已經歷十次，每次冰河期平均持續九萬年，接著中斷而出現一個短暫的溫暖期，為期大約一萬年。值得注意的是，物理學家米蘭科維奇（Milutin Milanković, 1879-1958）發現地球軌道並不穩定，由於受到金星和木星的重力拉扯會出現晃動，每次週期約十萬年，因而他認為冰河期一再重現，應該是地球軌道出現變化，改變北半球日照量所致。

地球上一回冰河期結束於一萬兩千年前，而當今人類的文明即是在這次溫暖期來臨，農業於距今約一萬一千年前出現之後才逐漸展開。依照過去的經驗推算，我們今天可能面臨的問題甚至不只是暖化，冰河期再臨或許才是更大的麻煩，屆時氣溫大約會降低攝氏五到八度（華氏十到十五度）。

反思：將「全球暖化」現象全都歸因於工業革命，可能是言過其實吧？或者說，真的有「全球暖化」嗎？這可能也是言過其實吧？

我們如何比對這些不同的資料或觀點，這中間一定有一方是造假、誇大，或者誤解的嗎？

目前「地球暖化」現象是存在的，而且程度有正在加劇的趨勢。從知識探究的角度來看，我們當然可以繼續研討、爭論「人為問題」大約佔了多少比例，不過，擺在眼前的極端氣候問題，卻還是得積極面對與處理。這兩方面應該可以分開來看待。

比較有趣的是，當部分的科學家提醒我們或許地球不是在朝「暖化」走，反而是即將進入另一個冰河期時，我們會比較慶幸嗎？如果本世紀首當其衝的是氣溫上升，我們將會遭逢的暖化危機可能如左頁表列。

冰河期何時來臨，難以知曉，暖化危機多深重，似乎比較可以推測。我們先讓地球升溫攝氏四到六度，若冰河期真的來臨，兩相抵消，氣候問題是否反而可以解決了呢？

表1-1的整理只是一些預估，許多的學說或觀點都還是假設，而未來氣候變遷可能的

表1-1 暖化的危機

升溫	影響
1℃	熱浪成常態。臺北都會區六月均溫可能達到35℃。
2℃	引發病毒大規模變異與廣泛傳染。極端風暴發生的頻率，可能變為現在的10倍。
3℃	80%凍土、冰河融解，造成二氧化碳、甲烷釋出，加速暖化。
4℃	1/6物種滅絕。至少出現數以百萬計的「氣候難民」。臺北都會區夏天溫度最熱可能達到45℃。
5℃	多數地區人口數因疾病爆發、乾旱而急遽下降，水資源嚴重匱乏，農業、工業生產力重創，商業也瓦解。
6℃	至少1/3物種滅絕。絕大多數的濱海城市（例如紐約、倫敦、上海、東京等）將被淹沒，臺灣則恐怕是西部大半地區全遭淹沒。世界末日將會來臨。

註：目前升溫約達0.8℃。照此趨勢推估，聯合國「政府間氣候變遷專門委員會」（IPCC）認為2100年時，最糟狀況可能是上升6.4℃。

衝擊方式與規模仍然充滿不確定性。但是，衝擊應該已是無可迴避，我們的擔心是「杞人憂天」，還是「未雨綢繆」？

氣候（環境）決定論？

雖然我們一直強調不應該忽略氣候在歷史上的重要性，也認為各個地區人類活動的特徵深受自然環境，特別是氣候條件的影響。但這可不能夠推導出另一個極端，陷入「All or None」的全有或全無式二元對立思考，以致出現「氣候決定論」或者「地理環境決定論」，過分強調了環境的決定性作用，或者氣候條件決定一切，忽視了人的主體性（subjectivity）及能動性（agency）。

大家所熟悉的法國啟蒙哲學家孟德斯鳩（Charles de Secondat, Baron de Montesquieu, 1689-1755），儘管被認為是理性和自由精神的代表，他在著名的《論法的精神》一書中，卻是把古希臘學者亞里士多德（Aristotle, 384-322 B.C.）的論證，擴展到不同氣候的特殊性對於各民族生理、心理、氣質、宗教信仰、政治制度的決定性作用，直言「氣候王國才是一切王國的第一位」，熱帶地方通常為專制主義所籠罩，溫帶才能形成強盛與自由之民族。

如果我們仔細對照中世紀以來近代歐洲政體的演進，很容易地就能夠發現孟德斯鳩的「氣候決定論」觀點，明顯是無法自圓其說的。更簡單地說，歐洲專制王權最重要的代表，正是法國波旁王朝（Maison de Bourbon, 1589-1830）時期，強調「朕即國家」的「太陽王」路易十四（Louis XIV, 1638-1715）。比對孟德斯鳩和路易十四的年代，以及後來法國大革命（French Revolution, 1789-1799）、拿破崙戰爭（Napoleonic Wars, 1803-1815）時期的政治軍事發展，顯然孟德斯鳩的主張是想像遠多於事實。

在十九世紀，氣候決定歷史及文明發展的學說仍然持續發展，譬如美國地理學家杭廷頓（E. Huntington）於一九〇三至一九〇六年間在印度北部、中國塔里木盆地等地考察之後，發表了《亞洲的脈動》，認為十三世紀蒙古人大規模向外擴張，即是由於居住地區氣候遭逢嚴重乾旱，傳統牧場的條件日益惡化所致。一九一五年，他又出版《文明與氣候》，正式提出人類文化只能在具有刺激性氣候的地區才足以發展的假說，隨後更主張自然條件才是經濟與文化地理分布的決定性因素。

如果「氣候（環境）決定論」只是表現在學術研究的範疇中，問題還比較單純，最麻煩的是這種理論學說進一步擴張成為一種「地理政治學」，在十九、二十世紀的日耳曼地區發展，鼓吹地理因素，特別是氣候和空間位置，是影響人們的體質、心理、意識和文化差異的關鍵原因，並直接決定了各個國家民族的社會組織、經濟發展和歷史命運，而日耳曼民族得天獨厚，形成優等民族，因此自然有權力建立世界新秩序，掌握合理的「生存空間」。

這樣的主張便為日後法西斯主義（Fascism）的形成，以及向外擴張和侵略的行動，創造出一種理論根據。

基本上，無論是回顧檢討過去的歷史變遷，或是進行歷史思考，「決定論」

（Determinism）都是我們應該要注意的問題。這種觀點或思想認定每個事件的發生、人類的認知和行動等，都完全是由某種因果定律，或者先前已然存在的某種因素所支配。這個「某種因素」可以是氣候、環境、種族、血緣、階級等，而晚近備受矚目（以及引發憂慮）的因素則是基因，後面連結的則是日益強大的生物科技，尤其是幹細胞、基因轉殖，以及克隆（clone）科技的進步。

在「決定論」的觀點中，歷史或者人類社會的發展，最終只有一種事先預定，甚至已經可以預見的狀態：人的自由或者自由意志是不存在的，或者是即使存在，也不可能產生扭轉的力量。由此看來，「決定論」不僅是一種僵化、獨斷的思考型態，在現實面上甚至還具有走向宰制、獨裁、極權的危險。

> 反思：種族、血緣、階級、基因等「決定論」，如何在社會或政治上產生宰制、獨裁、極權的效果？

我們舉一個例子來看。清朝晚期，在安徽北部及江蘇、山東、河南三省部分地區，大約是長江和淮河之間，以及淮河流域下游一帶，因為土地貧瘠，水災、旱災頻繁，加上荒年歉收，於是許多人鋌而走險，成為盜匪，其中影響最大的應該是被清朝稱為「捻匪」的反政府勢力。這樣看起來，似乎可以用氣候（環境）決定論加以解釋。但是，清朝晚期最重要的兩支軍隊，除了來自湖南，由曾國藩創建的湘軍之外，另一支軍隊就是由李鴻章創建的淮軍。淮軍和捻軍，一個是「官兵」，一個是「盜匪」，但他們許多人都出身於「江淮」區域的貧農階級。

雖然我們都很清楚，在亂世之中，有時「官兵」和「盜匪」難以區分，但人的行動畢竟是同時受到多重因素影響，其中有外部的地理環境因素，或分屬不同社群的因素，但也有個人內在的價值判斷和抉擇。很難說「所有的人一定都是這樣的／一定都不是這樣的」。

回到氣候（環境）決定論的討論。在二十世紀之後，這種地理學的「決定論」思考已經產生了轉變。簡單地說，已經從「地→人」轉變為「地↕人」，因為當地理環境在經過人類活動的改造之後，其實也隨之發生了變化，正是這種改造及變化，才影響了社會的發展方向、方式等。隨著人類社會的發展及文明的演進，地理環境對於社會與文明的作用就穿插著更多的直接作用和間接作用。

值得注意的是，當人類改造自然環境的範圍、程度愈大時，人類社會就會在愈來愈廣闊的領域中與自然環境發生關係，也無可避免地將受到自然環境更大、更深的影響與制約。人地關係其實是十分動態，而且複雜的，遠遠超越氣候（環境）決定論那種「單面向」（one dimension）、「線性」（linear）的貧乏思考。

> 反思：何謂「單面向思考」？何謂「線性思考」？各有何潛在的問題？

面對氣候變遷的種種風險和危機，一旦我們可以超越氣候（環境）決定論的理解，其實應該可以覺得振奮一些、樂觀一些，畢竟這意味著有相當大的決定權是可以操之在我們自己手中！

主要參考／建議閱讀的書籍：

Brook T.（卜正民）著，馮奕達譯，《價崩：氣候危機與大明王朝的終結》。新北市：衛城出版，2024。

Diamond, J. 著，王道還、廖月娟譯，《槍砲、病菌與鋼鐵：人類社會的命運》。臺北市：時報文化，1998。

Fagan, B. 著，黃中憲譯，《歷史上的大暖化》。臺北縣：野人文化，2008。

Fagan, B. 著，黃煜文譯，《漫長的夏天：氣候如何改變人類文明》。臺北市：麥田，2006。

Fagan, B. 著，董更生譯，《聖嬰與文明興衰》。臺北市：聯經，1999。

Gaunt, P. 著，吳夢峰譯，《不列顛內戰》。臺北市：麥田，1999。

Goulson, D. 著，盧相如譯，《寂靜的地球：工業化、人口爆炸與氣候變遷，昆蟲消失如何瓦解人類社會？》。臺北市：臺灣商務，2022。

Lewis, B. 著，李中文譯，《穆斯林發現歐洲》。臺北市：立緒，2006。

Lynas, M. 著，譚家瑜譯，《改變世界的6℃》。臺北市：天下，2010。

Revkin, A. & Mechaley L. 著，鍾沛君譯，《天氣之書：100個氣象的科學趣聞與關鍵歷史》。臺北市：時報，2018。

Wallace-Wells, D. 著，張靖之譯，《氣候緊急時代來了：從經濟海嘯到瘟疫爆發，認清12大氣候風險與新生存模式》。臺北市：天下雜誌，2020。

田家康著，歐凱寧譯，《氣候文明史》。臺北市：臉譜書房，2012。

許靖華著，甘錫安譯，《氣候創造歷史》。臺北市：聯經，2012。

第2章 改變自然創造文明

歷史可以不一樣

天地孕育萬物。與萬物相較，人類的特別之處是幾乎可以遍布全球的各個角落，關鍵就在於人類擁有精巧的能力，可以利用、改造其他物種以及自然環境。在屬於人類晚近這一萬多年的歷史裡面，透過遷徙、征戰等方式，人類設法處理了生物、地理、族群等因素，發展了文明，塑造了歷史。

許多人經常會毫不思索地認為，人類文明史是一部直線、單向，而且不斷進步的發展史，包含著開發自然的巨大成就，從而形成精彩的人文世界。在許多時候，「人定勝天」是一種被高度肯定的人生觀，尤其是近代以來工程與科技據以發展的重要信念。在歷史學裡，我們稱這種想法為「線性史觀」（linear-oriented historical thought），甚或是「進步史觀」（idea of progressive history）。

然而，這樣的信念和行動妥當嗎？符合文明發展的「事實」嗎？「人」確實始終保有主導性而無往不利嗎？一部文明發展史總是備受禮讚、無比光采嗎？

接下來，我們就要透過一些可以在歷史教科書中找到的題材，回顧與反思遠古以來的一些歷史發展面向，重新探究這些問題。

文明的「進步」？

長久以來，談到人類文明的演進，一種似乎已很習慣的理解是「採集→漁獵→畜牧→農耕」，而且，如此的排序同時也意味著後者比前者「文明」、「進步」。

反思：在十八世紀工業革命發生之前，農業生活是早期人類文明發展的最進步型態嗎？

其實仔細想一想，這裡頭充滿了需要再釐清的迷思。

首先，採集和漁獵孰先孰後呢？採集的食物主要是植物的果實或種子，進一步去想，就可以發現採集食物所面臨的風險，以及辨別安全的食物、剝除硬殼等繁複工作所需要的知識、工具和技能等，未必比漁獵容易。

運用採集或漁獵方式來獲取食物，應該是根據所在區域的狀況而決定，有的選擇其中一項，有的應是兩者並用，然後依照主要食用的植物或動物特性，發展出特別的工具、技能，以及分工合作的組織。不過，除非是特別豐饒的區域，否則以這兩種方式所能獲取的食物，質量通常是不穩定的，而且無法供養太多人口。

其次，畜牧和農耕孰先孰後呢？思考這個問題，還得進一步追問，是畜養何種牲口？在什麼地區？

如果是山羊，那確實相當早，山羊的畜養與馴化大約是距今一萬兩千至一萬年前，可能位於土耳其的安納托利亞高原，以及伊朗一帶。

山羊吃地上的青草，更愛吃嫩葉。但傳統上，人類不會為山羊特地栽種青草、嫩葉，當一地的青草和嫩葉食用殆盡之後，人類便會驅趕羊群，移動到遠方，尋求新的青草和嫩葉。相形之下，另一種牲口——豬，就不同了。

豬的馴化大約是在距今一萬一千年前。傳統上，豬也是被自由放養的，但是豬並不偏愛青草或嫩葉，而是隨意「雜食」路上遇到的一切可食用的東西，尤其是人類的廚餘。和羊、牛相比，豬與人類聚落的關係是更為密切的。此外，豬不容易被成群地驅趕，移動到遠方，而且牠的雜食習性也使得長程移動的必要性大減。就目前的考古發現來看，與羊、牛、馬一經馴化之後而逐步傳布到各地的情形不同，豬應該是在不同地方分別被馴化的，包括中國、土耳其、東南亞、印度、義大利、中歐等地區。

比較山羊和豬的特性，我們大致上可以發現，豬和人類的定居生活、糧食作物栽種的初期農業活動發展的關聯性較高。換言之，我們今天若要追溯、推敲畜牧和農耕開始的年代，其實並不如過去習慣中的容易，這裡頭牽涉到不同物種畜養和馴化過程，及其生物、環境特性的差異，要那麼斬釘截鐵地排序，似乎不再那麼理所當然。

第三個可以思考的問題是：從「採食」到「產食」的發展，象徵著人類文明的進步嗎？

如果從技術的發展，或者人類利用和開發自然的能力來衡量，這個答案確實是肯定的。不過，如果我們考量的是前面章節曾經提到「人地關係」的動態歷程，那可就不一定了。

在《槍炮、病菌與鋼鐵》中，十分博學的跨領域學者，身兼生理學家、生物學家及人類學家的賈德．戴蒙（Jared Diamond）在南太平洋玻里尼西亞（Polynesia，「多島」之意；希臘語 poly 為「眾多」之意，而 nesia 則是「島」）的田野研究（field study），提供了相當鮮活的例子。

戴蒙發現在這數以千計的島嶼之中，雖然居民來自同一個族群，原本也共有一種文化，但從距今大約三千兩百年前起，他們可能是從距離澳洲北方約一百五十公里（寬度和臺灣海峽差不多）遠的新幾內亞（New Guinea）分批出發，經由航海向東方、東南方逐漸遷徙，約莫經過一千七百年，幾乎抵達每一個可以居住的島嶼上。然而這些島嶼的面積、地形地勢、氣候、生物資源大不相同，因此不同島嶼之間的文化發展出現了重大差異。

例如遷徙至查山群島（Chatham Islands，位於紐西蘭南島東方）的族群最初是農人，但他們帶來的作物無法在寒冷的查山生長，加上每個島嶼都相當小，而且偏遠，於是不得不回到採集—漁獵的生活型態。而這種地理環境和生活型態無法供養太多人口，也無法供養「不事生產」的專家（譬如軍人、官員、學者、商人等），所以查山群島族群的社會階級趨向「扁平化」，大家的身分與分工是相當接近，甚至完全一樣，社會組織十分簡單。至於漁獵的對象，主要是海豹、海鳥、魚、蝦、蟹、貝等，因此科技和工具也都趨向簡單，即可應付。

另一方面，居留在新幾內亞的低海拔地區，居民過的生活也是採集—漁獵的型態，他們以野生西米椰子（sago）富含澱粉的莖髓（即製作西谷米的原料）當主食，部分居民則會再搭配粗放的燒墾法獲取香蕉、山藥等食物。野生西米椰子的熱量極高，其他漁獵收穫也頗為穩定，如果和新幾內亞高地居民以農業為主的收穫比較，低海拔地區居民的「熱量」產值大約高出三倍，在這樣的情況下，選擇採集—漁獵的生活型態應該是十分理所當然的。

歸納來看，從「採食」到「產食」的發展真的是必然的嗎？象徵著人類文明的進步嗎？答案應該是「未必」。移民到查山的人選擇放棄農業，營造採集—漁獵的生活型態，而新幾內亞低海拔地區居民選擇繼續維持採集—漁獵的生活型態，雖然理由大不相同，但其實都是「人地關係」的適應、平衡過程。

如此看來，歷史教科書上所書寫的「史前時代」人類文明發展的過程，以及連帶的優劣評價，實際上只反映了文明發展的某一種經驗，這種經驗或許是多數地區普遍的歷史傳承與價值判斷，卻不是全體人類必然的文明抉擇。

我們還可以換個角度，異想天開一番。如果今天我們生活區域的食物來源豐盛，靠著採集，或者放一把火燒出一塊地，粗略撒種、栽種，數個月甚至一兩年後再回來採收，或者每隔幾天就划著小船、木筏出海捕魚，即可溫飽，為何要去過著日出而作、日落而息，看天吃飯，沒有週末假日、寒暑假，規律而勤勞、又得時時擔心飢餓問題的農業生活？

臺灣不少人必須辛苦工作一輩子，在偶爾夢想的退休生活中，相當期待可以徜徉海天之際，不愁吃穿。在「玻里尼西亞」部分島嶼上的原住民，終生便過著這樣不知「假日」為何物、「落後」的採集—漁獵生活。反倒是臺灣的勞工必須辛苦掙錢、存錢，期待週休二日，以及嚮往、追求這種簡單、幸福的退休歲月，或者至少一生當中能有個機會去這樣的「天堂」渡假，可能就心滿意足。

反思：「週休二日」是一種現代制度，這是在何種歷史、社會、經濟情境下才「發明」出來的？早期農業社會，或所謂的「原始部落」，為何他們沒能「發明」這麼棒的制度，是因為他們真的比較笨嗎？

馴化

前文曾經提到「馴化」（Domestication，源自拉丁文 domesticus，「家裡的」之意），簡單講就是一種「人擇」的過程，是指經由人為方式將野生動物或植物加以馴服、培育、控制、利用的過程，主要目的是當作食物、獲取衣著原料，或者提供運輸、工作、守衛或娛樂的用途。這些馴養的生物，我們通常就稱為農作物、家禽、家畜、寵物等。

在馴化過程中，人類會創造出新的生長環境，保證提供食物或其他必要的生存條件，逐漸改變、控制生物的習性或行為，使其適應此一特殊的生態環境。而更加徹底的馴化，則是將生物的自然繁衍過程完全納入人工控制的過程。直白的說法，就是要此一個體或物種在人工環境下怎麼生、怎麼長，此一個體或物種就會怎麼生、怎麼長，以便滿足人類的需求。

基本上，人類文明發展的歷程與馴化息息相關，或者說，文明發展的歷程高度仰賴馴化的成果。在西亞地區，大約從伊朗、肥沃月彎（Fertile Crescent），直到土耳其一帶，可能是人類馴化野生物種成績最好的地區，在清單可以列出的重要成果，牲畜部分包括狗、山羊、綿羊、豬、牛等。中國的馴化成績也相當不錯，重要的成果至少包括狗、豬、水牛、鴨、蠶。至於印度則貢獻馴化的雞、水牛、象，中亞地區貢獻了馴化的雙峰駱駝和馬，阿拉伯地區則馴化了單峰駱駝，而埃及最重要的是馴化了驢。

在植物的部分，我們可以倒回來思考，簡要地依照「糧食作物」、「經濟作物」的分類，列出一份地區的清單。（見六十六頁上方表格 2-1）

在糧食作物方面，稻米、小麥、玉米、馬鈴薯是人類最重要的主食來源，而經濟作物上，若考量產值規模，數百年來最重要的無疑是棉花和菸草。這些作物（以及清單上的其他作物）的價值和影響力，在十六世紀之後的「地理大發現」（Age of Discovery）時代才更加凸顯出來，在兩、三百年間隨著人類的移動，幾乎傳布到世界的每個角落。

表2-1 重要作物的馴化地區

糧食作物	馴化地區	經濟作物	馴化地區
大麥	西亞	棉花	印度
小麥	西亞	茶	印度、中國
稻米	中國	咖啡	衣索匹亞
小米	中國	甘蔗	印度、新幾內亞
黃豆	中國	葡萄	土耳其
香蕉	東南亞、印度	肉豆蔻	東南亞
玉米	中美洲（墨西哥）	菸草	南美洲
馬鈴薯	南美洲	橡膠	南美洲
甘藷	中美洲	可可	中美洲

有些學者認為歐、亞、非洲「舊大陸」與美洲「新大陸」之間出現大量農作物、牲口，乃至於病菌的互通有無，影響歷史深遠，還因此特別稱之為「哥倫布大交換」（Columbian Exchange）。

反思：「哥倫布大交換」的命名，是基於何種觀點而定？相形之下，歐、亞、非洲「舊大陸」之間農作物、牲口，乃至於病菌的互通有無，對於歷史發展又有何影響呢？會比「哥倫布大交換」還更重要嗎？

單以地區來看，我們可以發現西亞地區在動物、植物的馴化總成績應是最為亮眼的，這是西亞會被冠以「文明的搖籃」封號的重要原因之一。在眾多有利條件之下，人類最早的農業發展活動就發生於「肥沃月彎」，大約在距今一萬一千年前。

肥沃月彎的範圍，涵蓋兩河流域及周遭區域的肥沃土地，大抵上位於現在的伊拉克、敘利亞、黎巴嫩、約旦、以色列，以及土耳其的東南部，也延伸至埃及的東北部地區。至於「美索不達米亞」，這是古希臘人對於兩河流域的一種稱呼，意思是「兩條河流之間的地方」。所以，「美索不達米亞」只是肥沃月彎中的一部分，但應該是土地資源最良好的地區。

值得注意的是，歐洲的馴化成績看起來真是乏善可陳。但是，歐洲佔了一個和亞洲、非洲連結在一起的便宜，歐亞大陸和撒哈拉沙漠以北的非洲，自遠古起就已經來往密切，因此，許多馴化的物種便經由遷徙、貿易、戰爭等方式四處傳布。

舉一個例子來看。大約距今一萬兩千年至一萬年前在西亞馴化的大麥、小麥，經過輾轉的傳布，大約在距今五千年至三千年前，已逐漸在中歐、西歐、北非、中亞、東亞地區栽種，根據地在今日河南地區的商代，已經很確定出現了關於大麥、小麥的紀錄。隨著麥的傳布，綿羊、馬等牲口也伴隨到達西歐、東亞。大約同一時期，在中國起源並獨立培育的小米也傳布到了歐洲。

東西狹長的歐亞大陸，透過幾個文明發展中心的交流，大約距今六千年至五千年起，在西亞、埃及、中國等地開始出現城邦、王國等不同的國家型態。就合理的推論而言，麥、稻、小米等糧食作物的供應，以及羊、牛、馬等牲口的運用，應是促成政治組織與社會型態逐漸大型化、複雜化的重要動力。

至於孤處在世界另一端的美洲，其馴化成績足以明列的，動物部分可能只有在墨西哥馴化的火雞，以及在秘魯馴化的大羊駝。大羊駝算是美洲馴化的最大型動物，除了做為肉、獸皮、乳汁、毛料纖維的來源外，大羊駝應是唯一可以勝任馱獸用途的選擇，成為在海拔四千公尺以上地區移動的「安地斯之舟」。

除了大羊駝之外，美洲並非沒有其他大型的哺乳類動物，不過，這些物種少數是一直沒有被馴化，但絕大多數應該是在被馴化之前，即已因為氣候變遷等自然力量，以及更恐怖的人類狩獵活動而滅絕了，最為著名的代表就是馬。

馬的原生地是在美洲。大約在「第四紀冰河期」距今一萬兩千年前的間冰期開始之前，當時白令海峽（Bering Strait）海平面的低落已經維持數萬年之久，橫跨亞洲和北美洲之間的「陸橋」裸露出來，兩大洲的生物通過陸橋相互遷徙。馬的部分族群在間冰期來臨之前已經遷徙到了亞洲，然後可能是距今六千年前，在歐亞草原上為人類所馴化。留在美洲的馬，全部的族群大約在距今八千年前就已經滅絕了。直到十六世紀，西班牙人才把馬匹帶回美洲，但當時的阿茲特克人或印加人完全不曾見過馬，面對西班牙人的騎兵作戰，難以招架。

至於大羊駝能夠在南美洲倖存下來，或許是因為生存、活動範圍在高海拔地區，多數人類難以接近，使得大羊駝面臨獵殺的壓力較小，最後人類終於發現牠在馱負重物上的運輸價值。

千萬不要小看這樣的價值！在距今兩千多年前，直到西元十六世紀，南美洲安地斯山脈地區所發展出來的眾多國家，尤其是在十五、十六世紀達於極盛的印加帝國，疆域北起今日的厄瓜多，經過秘魯、玻利維亞、智利；南抵阿根廷北部，在連繫南北綿延數千公里，整合高原與沿海地區的道路網絡中，大羊駝的運輸任務是相當重要的。我們可以很合乎邏輯地推論，欠缺大羊駝的貢獻，安地斯國家或者帝國的組織與運作，將會面臨重大的困難。

至於南美洲之外的美洲地區，明顯地欠缺承擔粗活、運輸重物、長途跋涉、快速移動等任務的大型牲口。這一來，人們在多數時候得依靠自己的雙手雙腳。若與歐、亞、非洲的歷史發展相比較，美洲多數地區缺少大型牲口的事實，對於文明的發展、社會的組織，或國家的治理等，都會產生一定的限制。

> 反思：如果欠缺馬匹，秦帝國、波斯帝國的「馳道」要怎麼運作？蒙古西征還有可能嗎？如果沒有牛、駱駝，人類文明發展會因此出現什麼樣的不同？

不過，在植物的部分，美洲馴化的作物所產生的影響就非同小可了。無論糧食作物（如玉米、馬鈴薯等），或者經濟作物（如菸草、橡膠等），對於十六世紀之後的世界貢獻極大。

整體來看，美洲的馴化成果其實還比歐洲好，不過，美洲在地理上是孤立的，而且南北狹長地形阻隔、變化過大的緯度所反映的氣候考驗，也限制了自身內部野生物種的遷徙，以及不同地區人類的移動和交流，連帶的，馴化物種的傳布也十分不容易。因此，關於馴化所創造出來的利益，顯然歐洲所能享受到的遠比美洲多得多。

反思：從遷徙的角度來衡量，在東西狹長的歐亞大陸上移動，難度會比在南北狹長的美洲大陸上容易一些嗎？

農業發展的全貌

人類選擇農業生活，自然是希望提高產量，養活更多的人口。為了達成這樣的目標，人類必須設法在因應環境的同時，也要積極改變環境。著名的環境史學者費南德茲—阿梅斯托（Felipe Fernández-Armesto）便將此行動及其不同型態的發展，稱之為「文明」（civilizations）。

若將「農業發展」仔細分析，其實裡頭包含的重點很多。我們就舉實例來進行探討。

在中國歷史上，從宋朝到明朝的農業發展是相當關鍵的。大致上，在近代西方農業科技與型態引進之前，中國傳統農業發展差不多在宋、明時期已經到達巔峰。當然，這也意味著傳統時期可以設法努力的行動，差不多窮盡了。「巔峰」的狀態，往往和「瓶頸」是一體兩面的。

反思：我們說某一時代或某一位君王在位時是「巔峰」，這自然是「歷史解釋」，屬於「後見之明」。但說到「巔峰」往往也意味著「瓶頸」，這樣的解釋合理嗎？這也是歷史解釋嗎？還是屬於人生哲理？

從宋朝到明朝的農業發展，歸納起來，可以從四個重要層面一窺全貌：

1. 開墾新耕地

主要是砍伐森林、開墾山坡、侵奪行水區，以便創造出新的耕地。砍伐森林通常是最普遍、優先的方式，從歷史上來看，「森林」一直是世界各地「文明地區」的邊疆，甚至往往被農業民族視為野蠻、邪惡的地方，但隨著文明世界透過宗教、科技、征戰等方式的擴張，溫帶區的森林最先遭殃，更北方或者熱帶區的森林面積也愈來愈小。

當森林砍伐殆盡，或者是因為特定生活區域的關聯，「與山爭田」或「與水爭田」就會成為接下來的必然手段，前者創造出來的耕地，以山坡上的梯田最令人矚目，後者主要是築堤排水成田，這一類新耕地在中國慣常被稱為圩田、圍田、湖田。

2. 引進新作物

稻米是所有糧食作物中最能支持稠密人口需求的選擇，這在中國等季風亞洲地區足可印證。和其他作物相比，稻穀較能抗蟲，生長期較不怕蟲災，泛濫河水帶來養分，富含水分的土壤可防止許多野草的滋生，而且收成之後的儲藏時間可以和小麥一般耐久。

北宋時，來自越南的稻種引入福建，之後擴及浙江和江淮之間。這個被稱為「占城稻」的新品種「不問肥瘠皆可種」，即使是旱地栽種，亦能有收成，而且經過育種改良後，到了南宋時，生長期只需六十至一百天。

占城稻早熟而耐旱的特性，造成什麼影響呢？首先，可以讓大多數地區一年兩穫，少數地區甚至能夠三穫。其次，占城稻可以大量種植於高地、山坡，以及其他水源不足、雨量較少、土質欠佳的地方，因而擴大了稻米的栽培面積。換言之，占城稻的引進對於新耕地的創造，也有重要貢獻。

到了十六、十七世紀的明朝，最值得注意的是來自美洲新作物的引進，主要是玉米、馬鈴薯（又稱土豆）、甘藷（又稱地瓜）。這三種糧食作物在提供熱量、營養方面，貢獻極大，尤其馬鈴薯、甘藷對於土壤的適應性很強，可以種在地勢更高，更乾旱、貧瘠的區域，使得原本許多不宜耕種的荒地有了開墾價值，因此也補充了水稻產量的不足。

在徐光啓（1562-1633）所著的《農政全書》（1639，思宗崇禎十二年出版發行）中，對於這些新作物都有所記載，而人口稠密的南方逐漸習慣食用的甘藷，徐光啓已經列為備荒的選項之一。

3. 運用或發明新技術

宋朝農民已經可以完整掌握水稻栽種的整地、浸種、催芽、育苗、插秧、施肥、除草、水量調節等精耕流程。其中關鍵的插秧技術在當時已經普及，「秧馬」的發明和推廣，使得插秧更具效率。施肥工作也拜肥料製作的多樣化之助，而有所進展。灌溉工具的發明，譬如水力推動的筒車、原本人力踩踏而後改良為運用牛或水力翻轉的龍骨車，都是相當實用的設備。至於大規模的水利工程，從宋朝到明朝一直持續進行，整合防洪、運輸和灌溉之利。

基本上，就中國傳統的農業技術及知識而言，大約在宋朝時已經到達巔峰，之後便長期維持在一定的水準，元朝王禎（1271-1333）的《農書》（1313，仁宗皇慶二年完成）和明朝徐光啓的《農政全書》可說是重要的證據，這兩本著作已經相當完整記載了數百年間農業工具、技術和知識的成就。

> 反思：《農政全書》的記載，可以為明朝時期的哪些農業發展成果提供證據？《農政全書》是屬於何種歷史研究主題的一手史料呢？

4. 改變土地使用方式

在宋朝之前，耕地的使用時常需要搭配隔年休耕，好讓地力可以恢復。類似的情形，譬如前面曾經提過歐洲中世紀時的莊園經濟，由於土地貧瘠與耕作技術落後，莊園（manor）普遍採行三年輪耕制，將耕地分為「春耕地」、「秋耕地」及「休耕地」三部分，逐年輪替。

但是在九至十二世紀歐洲莊園經濟仍普遍存在的同時，宋朝已發展出精耕稻作技術，可以讓土地年年使用，大幅提高農業生產力。在這樣的基礎之上，宋朝農民搭配占城稻或北方的小麥，根據地理條件普遍發展出稻二期作或者稻麥輪作，使得一年兩穫的收成普及化。這樣的模式與成就，直到明朝、清朝，乃至二十世紀，依然繼續維持。

歷史課本這樣說

在歷史教科書中，關於史前文化，或者人類早期文明發展的探討，通常都是以「舊石器時代」、「新石器時代」、「青銅器時代」、「鐵器時代」加以排序說明，從中再融入「從採食到產食」的探討。由於晚近的中學教科書各冊編排主要是依照一種空間的想像，由近而遠，依序探討臺灣史、中國史、世界史，就高中的歷史教科書而言，關於遠古時期較有系統的探究，大概都集中在第一冊（臺灣史）和第二冊（中國與東亞史），到了第三冊處理世界史時，就只是簡略帶過。

以下兩頁的表格，是參考各出版社第一、二冊版本，加以彙整的重點。

許多學生在閱讀這些篇章時相當困擾，因為包含為數不少的遺址，而且文明發展充滿各種細節。同時，世界上各個地區早期文明的發展，至少從舊石器時代晚期開始就不甚一致，而進入新石器時代之後，歧異只有更大，而非更小。

表2-2 第一冊關於臺灣的早期文明發展

時代		生活、謀生型態	時段	備註
舊石器時代（晚期）		採集、狩獵、漁撈	長濱文化約從5萬年前開始	打製石器，已知使用火，熟食。原無固定居所，但部分地區已出現短期定居的小型聚落
新石器時代	早期	游耕，以根莖作物為主	7千年前開始	出現定居的小型聚落，馴養狗。群居與社會分工促進工藝技術發展，出現粗繩紋陶器，農耕用石器則依需求、功能加以設計與磨製
	中期	定居耕作為主，已種植稻米、小米。仍有漁獵活動	4500年前開始	進入部落社會，社會分工及職務分化更明顯。出現細繩紋陶器。石器的形制趨於多樣化，也更加精緻
	晚期		3500年前開始	聚落規模更大，出現貧富階級的分化。出現彩陶和黑陶。石器更精美、變化多樣。聚落之間的交流（貿易）和衝突（土地資源）趨於頻繁
青銅器時代		（未發現）		
鐵器時代（金石並用）		以農耕為主，仍有漁獵活動	2000年前開始，結束於400年前荷蘭人入侵	出現部落聯盟。部落之間有交流、戰爭。北部十三行文化遺址還出土唐宋時期的銅錢、宋元明時期的陶器和瓷器

表2-3 第二冊關於中國的早期文明發展

時代		生活、謀生型態	時段	備註
舊石器時代（早期）		採集、狩獵、漁撈	約250萬年前開始。元謀人距今約170萬年，藍田人距今約65萬年前，北京人距今約50萬年前	打製石器，已知使用火，熟食。無固定居所。 從體質演化程度而言，元謀人、藍田人、北京人均屬「直立人（猿人）」
舊石器時代（晚期）		採集、狩獵、漁撈	教科書沒有明確指出開始的年代，但都將結束時間訂於1萬年前左右。山頂洞人約生存於2萬年前，是「晚期智人（真人）」	製作石器的技術已包括打製、磨製、鑽孔。會利用獸骨製作器具。具有藝術創作與審美觀念。發展出墓葬，並使用陪葬品
新石器時代	早期	以游耕為主。開始栽種水稻	約1萬年前開始	定居聚落形成。製作陶器，農耕用石器則依需求、功能加以設計與磨製
	中期	以農耕為主。南方主要種植水稻，北方主要種植粟、黍	7000年前開始	聚落規模擴大，社會分工及職務分化更明顯。出現壕溝防禦工事。在河姆渡文化遺址發現多樣化、多材質的農耕工具、大量稻穀化石，以及為數不少的豬、狗、水牛遺骸
	晚期		5000年前開始	出現夯土城牆，發展出城市。早期國家形成。龍山文化的黑陶是由專門工匠製作，做為上層階級的日用品和禮器。二里頭文化出土了宮殿遺址，以及豬、狗、牛、羊、馬、鹿等動物遺骸，已開始製作青銅器
青銅器時代			3700年前開始	最早的甲骨文約出現於3700年前，政治上屬於商朝，標示中國進入了「歷史時代」

> 反思：我們如何確認在河姆渡文化遺址中所發現的大量稻穀化石，原是屬於已經馴化的作物，而非採集得來的野生稻米？

雖然部分版本嘗試透過圖表歸納，類如前頁這兩個表格，但因為資訊還是很多，尤其一大堆遺址的名稱，閱讀起來仍然覺得相當瑣碎。

會出現這樣的困難，是因為我們的教科書往往企圖在極有限的篇幅中，運用考古學、（體質）人類學、地質學等學科知識，解說人類社會與文明的演進，以及不同文化或區域之間的各種互動情形。更進一步，各個版本通常還會試圖確認一種「典範歷史」的論述。具體來看，在臺灣史的部分，是要去處理和中國大陸的關聯，或者臺灣做為南島語族故鄉的宣稱。在中國史的部分，則是開始鋪陳中華民族的發展，或者國史遞嬗的脈絡。

反思：「典範歷史」原來是屬於誰的「典範」？課綱編定者或者教科書作者要讓學生學習「典範歷史」，主要的目的為何？「典範歷史」一定是錯的，或者一定是對的嗎？

基本上，對於高中一年級的學生而言，教科書作者的這些努力實在太高估學生的程度了！

如果要簡化相關的認知、理解過程，我們仔細分析之後便可以發現，「工具」、「馴化」、「聚落」是三大重點，而「新石器革命」（Neolithic Revolution）確實是掌握所有重點的關鍵，或者說是「要領」。我們拿起一件衣服，若從衣領提起，是最理想的方式。只要抓住「新石器革命」的主要內涵，關於人類早期文明發展的重要面向應該就可以一一掌握。

歷史可以這樣學

想要理解目前歷史教科書關於遠古文明發展的設計編排架構，並且發現比較重要的學習內容和思考方法，重新探討「人—自然—文明」的關係，以下有三個課題應該要加以注意。

重新理解「文明的發展」

目前的歷史教科書常常運用考古學、（體質）人類學、地質學等學科來探討遠古時期文明的發展，以下我們也如法炮製，在不增加太多知識負擔的前提下，進行了重新的理解、彙整，和比較有組織性的分析說明。

儘管我們對於人類的演化還有許多難以明白之處，但從體質人類學的分析推論中，多數學者認為人類祖先原本應該是生活在樹上，但因為「中新世」晚期以來，地球溫度長期趨於寒冷，非洲大陸的熱帶雨林面積大為縮減，加上乾旱日益嚴重，樹林逐漸消失，迫使人類祖先不得不離開樹木，在地面上活動與謀生，因此逐步發展出直立行走的習慣，這便與其他猿類的演化從此分道揚鑣。人類祖先從猿類演化中「出走」，自己尋找新出路的時間，大約是在七百萬年前。

依據目前的生物學分類，在靈長目人科底下的黑猩猩屬，包括兩個物種：黑猩猩和矮黑猩猩。而根據現代遺傳學的研究，人屬的人類和黑猩猩屬的矮黑猩猩之間的基因組差異，至多只有一．六％。

雖然基因差異不大，但人類的腦容量則是明顯大上許多，人類所自豪的這個「大腦」，正是直立行走之後演化的「副產品」。

人類祖先在直立行走之後，重心由下肢支撐，骨盆變小，造成胎兒必須在還沒有發育成熟之前就得出生，否則無法通過骨盆。如此一來，人類的嬰幼兒一方面不再受到子宮環境的侷限，可以比較「自在」的發育；另一方面，嬰幼兒是在親長的襁褓中成長，故有更充裕的時間與長輩交流，並且吸收經驗。猿類在出生時，大腦的發育幾乎已經完成，而人類大腦發育的特色是在出生之後還能繼續以同樣速率增長。後天環境的影響與發育歷程的差異，決定了人類與猿類腦容量的差異。

此外，直立之後，人類的雙手便可以騰出來運用，在製作工具的過程中，愈是精細的手部活動，愈能夠刺激腦部發展。長程行走、製作和使用工具解決謀生問題，以及從家庭、團體到聚落的社會生活發展，促進大腦構造日趨精密，連帶地使得說話的能力和語言的發展更加複雜化。經歷這樣的過程，人類的文明開始形成，並且逐漸加速發展。

從上述的分析、理解當中，可以發現除了直立行走之外，要掌握人類演化和文明發展的意義，顯然必須注意「工具」和「群體」的重要性。

如果我們回過頭想一想，用來區分早期文明發展不同階段的「石器」、「青銅器」、「鐵器」等，最重要的性質不都是工具嗎？

屬於舊石器時代早期的元謀人（直立人）已經知道使用火，以及打製石器。用火和製作工具，這正是文明發展的重要進程。不過，舊石器時代早期以來石器製作的形制幾乎沒有什麼進展，到了晚期，變化才開始加速。山頂洞人製作石器的技術已包括打製、磨製、鑽孔，同時還會利用獸骨製作器具，花費大量心力製作藝術品，並在墓葬中使用陪葬品。

山頂洞人所有的這些文明成果，主要就是「工具」，以及製作工具的「技術」，而墓葬和陪葬品的存在，則顯示了「群體」的緊密關係，而且這樣的群體連繫已經涵納了探索生死的宗教思維，個體不再孤獨，生命有所傳承。基本上，若比對時間來看，山頂洞人已經接近了「文明突破」的新石器時代。

> 反思：如果說「工具製作」可以做為區分人和其他生物之間的關鍵因素，
> 這樣的觀點可以成立嗎？

等到進入新石器時代之後，歷史教科書總是花了許多篇幅提到各式各樣的陶器。陶器到底有何重要性呢？不少版本教科書的作者壓根沒有思考這個問題，只是平鋪直敘「在什麼地方、發現了什麼形制」的陶器。幸好，已經有教科書正式提到了陶器可以用來燒煮食物，或者儲存多餘的糧食。但是，這樣的說明其實還可以再精簡。

陶器的真正價值，在於它是人類製作的第一種可靠的「容器」。所以，我們理解的焦點就可以轉變成：「容器到底有何重要性呢？」這個問題的答案應該可以很直覺、很有生活體驗才對。事實上，如果我們現在的生活中欠缺容器，後果將很難想像，一定十分糟糕！

> 反思：我們的日常生活可以不需要容器嗎？

對於新石器時代，我們常常還會賦予一種歷史意義，強調這是「新石器革命」，而其中最重要的內涵正是「農業革命」。

有一個重要的問題應該先追問，「為何新石器時代大約開始於一萬兩千年前？」要回答這個提問，當然得注意到我們目前身處的「間冰期」，大約就是從一萬兩千年前開始，一直延續到現在。而人類開啟新石器時代，和間冰期來臨的時間大致相當。

雖然在過去的這一萬兩千年中，氣候的變遷依然存在，溫度起起伏伏。不過，我們目前確實仍處於第四紀冰河期當中的一次溫暖期，和先前的冰河期相較，還是溫暖許多。

和臺灣有關的是，根據地質歷史的研究，臺灣原本應該是和大陸相連，然而間冰期來臨之後，氣候變暖，海平面上升，當初讓北美洲與亞洲兩地之間物種來往的陸橋沉沒於海平面下，而臺灣與大陸也因暖化從此被海洋分離。

至於以農業革命型態所發動的「新石器革命」，大約起於一萬一千年前，人類對於「自然」，包括生態環境和各個物種的利用、改造，促使文明從此大幅擴展。伴隨著農業發展，聚落的人口密度明顯提高，勞動形式（農、工、商、軍、公、教等）開始多樣化、專業化，政治結構、社會階級和經濟體系開始複雜化，典章與法律制度也日益精細。至於記錄各種資訊和現象的符號，也從約定俗成到開始結構化，並且逐漸定型，於是「文字」出現了，這便讓文明發展進入了突破的新時期。

沒有文字等於沒有「歷史」？

在我們的歷史教科書中，還有一個有趣而且重要的課題，那就是關於「歷史時代」的重視與強調。

如果仔細閱讀教科書中的討論，彷彿人類早期文明進展的一切準備，注定就是要進入「歷史時代」的，「文字」正是做為區隔或宣告的指標。甚至於文字的出現還意味著一種「想像」，文字宛如光，人類從此「大獲光明」。

照這樣的想像或邏輯來推論，文字發明之前的「漫漫長夜」，自然就是所謂的「史前時代」。「史前時代」是否意謂著沒有歷史？我們能否說，在荷蘭人發明「新港文」之前，臺灣是「沒有歷史」的？仔細想一想，這種說法顯然很奇怪！

「史前時代」的臺灣原住民族真的沒有歷史嗎？他們各自的文明千百年來一成不變，不曾因為氣候或棲居環境的變遷、不同族群之間的交流或衝突等內外部因素，而有所因應、調適、轉變嗎？如果真是如此，第一冊歷史教科書探討臺灣史的第一章內容，我們該怎麼看待？

「還沒有進入歷史時代」和「沒有歷史」之間，應該是不一樣的，不能夠相提並論。但是，之所以形成這種迷思，顯然是把「文字」與「歷史」連結在一起所造成的問題。而這種以文字做為區分，甚至用來判斷文明高下的思維，當然是擁有文字的民族的一貫偏好，沒有文字的民族只能「默默」地被這樣誤解，或者更誇張的說法是「被發現」。

就人類學家艾立克．沃爾夫而言，「歷史是擁有文字記錄能力的族群所專屬」，這顯然是一種十分諷刺的說法、尖銳的批判。在他的著作《歐洲與沒有歷史的人》中，就是在探究晚近五百年來歐洲資本主義及帝國主義擴張中，那些幾乎沒有受到歷史學家青睞，如同未曾活過的一群人。沃爾夫特別看重「沒有歷史」的這種特性，將亞洲、非洲、美洲的傳統部落，甚至包括歐洲社會中淪入傭工處境的文盲農民等，重新置於歷史的主角地位，關注在西方菁英、強勢文明凌駕和宰制的過程中，這些面臨邊緣化族群的歷史是如何被消解，又是如何被建構起來的。

> 反思：具體而言，臺灣原住民族是如何「被發現」、「被分類」、「被記錄」的？又是如何「被邊緣化」的？

這裡所謂的「歷史建構」，得分成被動、主動兩個方面來討論。

首先，從「被動」來看。這些被西方觀點所建構的非西方區域、人民及其文化的歷史，大概只剩下「商品」、「市場」、「資本」、「消費」等抽象概念，並且被納編進入了殖民經濟體制，淪為西方文明的附庸。因此，西方和非西方的關係就是一種「中心—邊陲」，或者「主宰—從屬」的關係。這就是非西方文明的被殖民者成為「沒有歷史的人」的癥結，主要原因就在於他們的主體性已經在資本主義的邏輯中消亡了。

如果對於「中心—邊陲」這樣的概念討論不熟悉的話，我們可以舉個例子來說明。

在我們的日常生活中，應該常常聽到「近東」、「中東」、「遠東」這些名稱。「近東」指的是鄰近歐洲的地區，原來主要是針對鄂圖曼土耳其帝國的版圖而言；「中東」的範圍，一般是指阿拉伯世界；而「遠東」，主要是指東亞地區。這三個名稱所透露出來的遠近距離，顯然呈現的就是一種「歐洲中心主義」的西方觀點。早年臺灣的三級棒球隊就是得先爭取「遠東區」代表權，然後才能到美國這個西方文明的「新中心」去爭取錦標。當我們自稱是遠東區時，就已經落入「歐洲中心主義」的結構中。

另一方面，從「主動」來看。在面對西方的衝擊和控制的過程中，那些「遠方、邊緣化」的人們未必毫無作為、束手就縛，他們運用各種方式，摸索、轉變、調整出應對的模式，並且努力地延續自身社會與文化的發展。這就是他們在近代以來的歷史，一頁頁血淚斑斑，但不願意接受命運安排，努力真實地活著的歷史。

相對於西方龐大的文明結構「攻城掠地」所呈現出來的一致化、中心化趨勢，沃爾夫所重視的就是這些在世界各地積極生活的群體與文化的「原始性」，他們通常是在地的，規模多數不大，但由於這些積極存在與發展的群體，因此世界才能始終維持著精彩的文化多樣性，並且寫下浩瀚珍貴的人類歷史。

「印歐語系／語族」的探究

在遠古以來人類各個文明地區的交流、衝撞之中，顯然，「歐亞大陸」是一個相當主要的區域。儘管在遠古時期，歐、亞、非大陸上存在著許多獨立發展的古文明區，甚至於在歷史教科書中還會不斷強調「在地發展」的中國古文明其實是「多元並立」的，沒有單一源頭。但是，關於「印歐語系／語族」的探究，卻嘗試將東亞以外地區早期歷史的發展導引到另一種思考方向。

十八世紀後期，英國語言學家威廉・瓊斯（William Jones, 1746-1794）在孟加拉地區工作期間，發現當時歐洲人已知最古老的四種語言拉丁語、希臘語、梵語、波斯語之間，存在著令人意外的相似之處，因而率先提出「原始印歐語」的假設。從十八到十九世紀，透過許多學者的努力，進行系統的論證，逐漸「發現」從印度直到歐洲的大多數語言彼此在結構上或語彙上多有關聯，遂將這些被認為存在關聯、應該系出同源的語言，稱之為「印歐語系」（Indo-European languages）。

關於「印歐語系」的可能發源地，相關理論不少，包括北極、安納托利亞高原、裏海和黑海之間的北方草原，或者印度北方一帶、喜馬拉雅山地區等，幾乎都有學者主張。甚至於到了二十世紀後期，還有一些學者開始主張印歐語系應是起源於古代中國西域，以及周邊的廣大地區。

但無論這個「故鄉」是在何處，總之「原始印歐語」主要是透過原始印歐人的遷徙、征戰，輾轉傳播而擴至四方，大約是東至印度，西到英國，南至地中海，北到波羅的海，將許多文明地區連結在一起。

儘管「印歐語系」的研究歷經兩百餘年，成果豐碩，但迄今也有不少學者提出批判，費南德茲—阿梅斯托即是其中之一。他在《文明的力量》一書中討論印度河文明時，便指出歷來為了辨識印歐語系，常將其下各種語言共通的動植物名詞找出來，循著這個線索去尋覓原始印歐人的棲居環境，再從這樣的棲居環境特性，檢視推敲遠古時期有哪些地方可能符合這些條件。但是，費南德茲—阿梅斯托認為原始印歐語的詞彙本來就有可能是從多個不同環境先後融入的，因為這些詞彙包含了高山、平原、河川湖泊、雪地，而動植物名詞所指涉的物種又多得數不清，照這種探究「故鄉」的方法來估量，原始印歐語所在的生態必然是多樣化到了難以想像的地步！或者，區域範圍遼闊到沒有所謂的「故鄉」可言！

為了讓大家更容易理解他的批判，費南德茲—阿梅斯托打了個比方，「如果把說印歐語族系的人都歸為源自一個共同祖先，其愚蠢程度不輸把如今所有說英語的民族都指為來自英格蘭。」（《文明的力量》，二六六頁）

應該說明的是，費南德茲—阿梅斯托並未否定不同語言之間存在著「親屬」關係，他主要的質疑是關於「故鄉」的認定，認為這是過於大膽的嘗試。關於「語族」的探討或爭論，當然是研究「文明」起源與發展的重要課題，費南德茲—阿梅斯托的主張，重要的價值在於提出「質疑」，而非「否定」。「質疑」和「否定」之間的最大差別，在於「否定」往往不用提供證據和論述，只要直接下結論、斷定、反對到底就可以了，甚至根本不承認對方具有發言權利。至於「質疑」，那就得提供證據，仔細說明推論過程和理由，而且願意和對方進行討論。

> 反思：臺灣社會在討論許多公共事務時，例如關於歷史課綱的修訂，爭議雙方主要是使用「質疑」或「否定」的態度來討論問題？

所以，費南德茲—阿梅斯托呈現了反面的證據、論述，最大的價值就是促使大家重新思考「語系／語族」的課題。

這個「重新思考」，當然是重要的，因為我們可以藉此釐清一些由來已久的觀念或理論，透過重新思考而加以接受、推翻，或者修正補充。

而這樣的經驗，自然可以移轉到對於歷史教科書中經常提到的，「臺灣是南島語族的故鄉」此一理論主張的反思和討論。相對於印歐語系可能發源地的眾說紛紜，南島語族（Austronesian）或南島語系（Austronesian languages）的「故鄉」，似乎沒有什麼爭議。而「玻里尼西亞」地區是南島語族擴散的終點，已是定論。

但實際上，從語言學、考古學而得來「臺灣是故鄉」的解答，在科學實證上還欠缺臨門一腳。許多科學家從人類的血液、唾液、毛髮，或者以各個島嶼的動、植物基因進行分析，試圖找尋南島語族祖先遷徙的蛛絲馬跡，但不同基因類型的研究卻出現不同的答案。

另外也有學者認為，即使南島語族人是從臺灣遷移出去的，但人不可能在島嶼單獨演化出現，因此似乎可以推論更早之前的南島語族應該來自中國大陸。不過，從語言學角度而言，中國大陸並未存在使用南島語系的族群，所以上述主張也存在著曖昧不明的地方。

如果大家再去翻一翻歷史教科書，馬上可以發現各家版本幾乎都沒有舉出證據，或者進行比較嚴謹的論證，顯然關於「南島語族」、「南島語系」的相關學習，尤其「臺灣是故鄉」的探究，教科書或者歷史課堂上的解說與探討還有不少空間可以發揮。

從「氣候」、「自然環境」來討論歷史、思考文明的發展與人類的處境，暫時先告一個段落了。對照之下，長久以來歷史課程綱要和教科書的探究架構顯然是相當扁平的，而且敘述的方式和內容頗為單調，很少涵納不同的觀點加以討論。

簡要地說，我們在中學階段的歷史學習向來是「人類自嗨／high」的模式，很少與「氣候」、「自然環境」連結，這只是呈現「人」要嘛是孤獨的，要嘛就是囂張的。

此外，從上述的探討中可以發現，原來進行歷史探究的人未必都是歷史學家，因為「歷史」總是屬於全體人類的，「歷史」是人類各種活動的紀錄，這裡頭自然包含生物學、地質學、人類學、社會學等知識。從一個大的格局來看，人類所有的知識和學科，哪一個部分不是從歷史的參與過程中淬煉出來的？因此，探究歷史從來就不是「歷史學者」的專利，如果有各個學科的參與以及合作，關於歷史的探究只會更好，不會更糟。

主要參考／建議閱讀的書籍：

Chaline, E. 著，王建鎧譯，《改變歷史的50種動物》。臺北市：積木文化，2013。

Crosby, A.W. JR著，鄭明萱譯，《哥倫布大交換：1492年以後的生物影響和文化衝擊》。臺北市：貓頭鷹，2013。

Diamond, J. 著，王道還、廖月娟譯，《槍砲、病菌與鋼鐵：人類社會的命運》。臺北市：時報文化，1998。

Diamond, J. 著，王道還譯，《第三種猩猩：人類的身世與未來》。臺北市：時報文化，2000。

Fagan, B. 著，黃中憲譯，《歷史上的大暖化》。臺北縣：野人文化，2008。

Fernández-Armesto, F. 著，薛絢譯，《文明的力量：人與自然的創意關係》。臺北縣：左岸文化，2008。

Fernandez-Armesto, F. 著，謝佩妏譯，《1492：那一年，我們的世界展開了！》。新北市：左岸文化，2012。

Georges, J. 著，曹錦清、馬振騁譯，《文字與書寫：思想的符號》。臺北市：時報文化，1994。

Hansen, V. 著，洪世民譯，《西元一千年》。臺北市：時報，2022。

Harari, Y. N. 著，林俊宏譯，《人類大歷史：從野獸到扮演上帝》。臺北市：天下文化，2018。

Laws, B. 著，王建鎧譯，《改變歷史的50種植物》。臺北市：積木文化，2014。

Mann, C. C. 著，黃煜文譯，《1493：物種大交換丈量的世界史》。臺北市：衛城，

2013。
McNeill, W. H. & McNeill, J. R. 著，張俊盛、林翠芬譯，《文明之網：無國界的人類進化史》。臺北市：書林，2007。
Quanchi, M. & Adams, R. 著，蔡百銓譯，《太平洋文化史》。臺北市：麥田，2000。
Repcheck, J. 著，郭乃嘉譯，《發現時間的人：現代地質學之父揭開地球歷史的故事》。臺北市：麥田，2004。
Wolf, E. R.著，賈士蘅譯，《歐洲與沒有歷史的人》。臺北市：麥田，2003。
田家康著，歐凱寧譯，《氣候文明史》。臺北市：臉譜書房，2012。
洪萬生主編，《中國文化新論科技篇：格物與成器》。臺北市：聯經，1982。
劉石吉主編，《中國文化新論經濟篇：民生的開拓》。臺北市：聯經，1982。
賴瑞和著，《人從哪裡來：人類六百萬年的演化史》。臺北市：時報，2022。

第3章 在時間的長河

歷史可以不一樣

許多人常說：「歷史是一門研究『時間』的學問」，這其實是一種相當簡化的說法。比較精確地來說，「歷史是一門研究『變遷』的學問」，但為了要把「變遷」加以標示，方便探究，所以必須將相關過程加以「時間化」，才有辦法在一個客觀的架構中進行分析討論。

至於「研究時間的學問」，原本關聯最密切的應該是天文學、物理學，而在遠古時代，則與巫術、觀星術息息相關。人類觀測星象、計算時間、建構時間制度，是文明發展過程中一個了不起的成就，影響深遠。當然，這也是十分重要的歷史課題。

機械時間

秒、分、時、日、月、年，是我們日常生活中再熟悉不過的了。但是，這些時間單位的建立，其實是人類文明發展上十分重要的歷程與成果，透過這些度量衡的使用，我們才有辦法配合太陽、月球的運行，以及氣候的變化等自然節奏，及早而適切地進行生活或工作上的準備和活動。

在歷史上，古代文明對於時間的測量，高度仰賴針對太陽和月亮的觀察和記錄。「日」和「月」可以說是最為直觀的兩個時間單位。

「日」的長度，通俗的說法是地球自轉一周的時間。比較精確的界定，則是太陽重返到其在天空中的最高點所經歷的時間，在一年當中的平均值約等於二十四小時。

「月」的長度，通俗的說法是與月球繞地球公轉的周期相當，但傳統上都是以

「朔」、「望」等月相的變化周期做為一個月的長度。就比較精確的科學測量而言，一個月的長度大約是二九．五三日。

至於「年」的長度，通俗的說法是與地球繞太陽公轉的周期相當。我們現今知道一個「太陽年」（solar year）或「回歸年」（tropical year）是三六五又四分之一日，而合乎科學的說法則是365.242190741日，約等於三六五天五小時四十八分四十六秒。古埃及、中國的商朝，以及馬雅等文明都是在長期仔細觀測太陽之後，精確地得知一「年」大約是三六五又四分之一日，從而建立了「曆法」。

值得注意的是，中國的傳統農業時代日常作息，都是使用「農曆」，這使得大家產生一個觀念，以為中國的曆法採用的是「陰曆」，而非「陽曆」，但這是錯誤的。在商朝，已經知道使用「閏」，也有了春分、秋分、夏至、冬至的觀念。而「二十四節氣」的出現，則是歷經商、周，在秦漢時期建立。閏、二分和二至，以及節氣，其實都是來自對於太陽的觀測，所以精確地說，中國的傳統曆法是「陰陽合曆」。

> 反思：閏年、閏月、春分、秋分、夏至、冬至都是大家熟悉的，如何解釋這些曆法上的安排都來自於針對太陽觀測的所得？

在現代鐘錶出現之前，各個文明其實都已經發展出一些計時工具，譬如日晷、沙漏等，但觀測太陽和月球，仍一直是掌握時間的主要方式之一。機械時鐘可能是十四世紀前後的發明，最早應該與基督教僧侶必須定時禱告的需求有密切關聯，而關於「時」、「分」的精確掌握，則是十四世紀之後主要的努力目標。這樣的持續努力，促成顯示「秒」的時鐘在十六世紀後期誕生。到了十七世紀中葉，荷蘭學者克里斯蒂安・惠更斯（Christiaan Huygens, 1629-1695）發明擺鐘，取代過去利用重力帶動齒輪運轉的時鐘。這種新式的鐘使用鐘擺，依靠能的相互轉化來擺動。經過改良之後，每日的計時誤差可以降低到十秒之內。

「秒」的顯示，促使英國皇家學會於一六六〇年對於「秒」做出了一個操作上的界定，在地球表面上擺長約相當於現在一米的單擺，一次擺動或是半週期（沒有反覆的一次擺動）的時間，即是一秒。擺鐘的發明，使得「秒」成為可測量的時間單位。

「秒」是時間的最基本單位。在一九六七年之前，國際間對於「秒」的定義是平均太陽日，或者地球自轉一周時間的1/86,400。一九六七年，第十三屆國際度量衡大會召開，則是採用原子的特性來定義「秒」，以銫-133原子鐘做為測量基準，銫原子振動9,192,631,770個週期所需的時間為一「秒」。因此，一「日」即是86,400秒。

> 反思：臺灣依據國際地球自轉組織（International Earth Rotation Service, IERS）發布之閏秒訊息，通告世界協調時（Coordinated Universal Time, UTC）二〇一五年六月三十日二十三時五十九分五十九秒，即本地時間二〇一五年七月一日七時五十九分五十九秒加上正閏秒一秒（A positive leap second）。這是國際採用原子鐘計時以來所實施的第二十六次閏秒。
>
> 以上內容，有哪些關鍵詞應該注意？會出現「閏秒」的原因主要為何？

歸納而言，現在我們所談的「機械時間」，實際上包含了兩大部分，一是鐘錶的時間，二是曆法的時間。這兩種機械時間，歷史課程綱要或教科書幾乎都沒有認真地處理，而是當成大家應該都已經知道的背景性知識，可以很自然地運用來將朝代或歷史事件發展的先後順序十分機械性地排序。所謂「機械性」的意涵，指的是這樣的排序有一個固定的方式、標準的答案，不可以隨意更改、調動。

> 反思：能夠將中國的朝代，或者英國都鐸王朝歷任君王，依照時間先後順序正確地排序，就等於是具有良好的歷史學習成果嗎？

除了秒、分、時、日、月、年之外，教科書還經常會出現「星期」和「世紀」，其實只要仔細想一想就可以知道，這兩個時間單位明顯地是與「猶太—基督宗教文明」有密切關聯，與其他的時間單位屬性大不相同。

星期與紀年

一星期七天的由來，經常被引用的文獻是《舊約聖經》，在〈出埃及記 20:11〉中提到，「神在伊甸園創立了安息日。」在〈創世紀 2:3〉中，則提到神在第七天休息。不過，猶太教「安息日」是在星期六，而不是星期日，這個律則從來沒有改變過。

一星期七天、安息日和神造物之間的關係，因此成為《舊約聖經》安息律法的基礎，但這應該是後來的演變，在以色列人的後代離開埃及之前，《舊約聖經》並沒有安息日的記載，而從亞當到摩西期間的歷史也沒有任何關於奉行安息日的線索。

若從基督宗教觀點的考證來看，安息日應是賜予以色列人，而不是教會，所以基督徒不必死守《舊約聖經》律法的束縛。相對地，就基督徒而言，每週的第一天——星期日，是「主日」，是該去教會聚會，與「復活的主」同慶的日子，這才是最為重要的。

至於一星期七天中每一天的稱呼，據傳始於古巴比倫時代，以日、月配上當時所知的五個行星（火、水、木、金、土）用來計日，七天為一週。到了西元三二一年，羅馬帝國時期的君士坦丁大帝（Constantine the Great, 274-337）將相傳已久的一星期七天的規則置入羅馬曆法中，同時定星期日為一週之始，但博採羅馬、斯堪地納維亞、盎格魯撒克遜諸神的名字取代原來五個行星的命名。

從英語來解讀一星期七天的稱呼，可以更為清楚，太陽日即是Sunday，月亮日變成Monday，火星日變成戰神日（Tuesday，戰神 Týr/Tiwaz），水星日變成天神日（Wednesday，天神 Woden），木星日變成雷神日（Thursday，雷神 Thor），金星日變成天后日（Friday，天后 Frigg），土星日變成農神日（Saturday，農神 Saturn）。

不同於一星期七天原是存在於少數地區的特殊規定，「紀年」是絕大多數文明十分普及的時間標記方式。

傳統中國的朝代，從漢武帝之後開始使用「年號」來紀年，這種方式後來也普及於東亞地區，現在的日本天皇則還在使用。歷史上，各個文明的紀年方式大不相同，但自十九世紀以來，隨著西方文明的擴張，世界各地的頻繁交流，人們溝通和表達時間的方式逐漸採用深具基督教意涵的「西元」系統為基準，甚至於這個「西方」的紀年系統也常被稱為「公元」，「公」已有放諸四海皆準的意味了。

當然，在各自的國家或文明區之內，還是可以使用原本的紀年方式，但在不同文明群體的互動中就會涉及換算的問題。以西元二〇一五年為例，相當於：

佛曆二五五九年
伊斯蘭曆一四三六年
馬雅曆五一三四年
法國大革命曆二二三年
日本平成二七年
中國傳統曆法乙未，羊年
中華民國一〇四年

西元的紀年系統，是以耶穌基督的誕生為基準。就基督徒的信仰而言，這絕對是從創世紀到世界末日之間唯一的大事。在耶穌基督誕生之前，通稱為「基督之前」（Before Christ），簡稱為B. C.；耶穌基督誕生之後，通稱為「主後」（Anno Domini），簡稱為A. D.。這種註記方式應該是在八世紀時，由英國的基督教僧侶、歷史學家畢德（Saint Bede or the Venerable Bede, 672/673-735）開始採用，之後逐漸普及。

至於西方曆法的制訂與採用，應該以凱撒（Gaius Julius Caesar, 100 B.C.-44 B.C.）為指標，此一曆法即以凱撒為名，在西元前四十五年開始實施，稱為「儒略曆」（Julian calendar）。到了十六世紀後期，羅馬教宗格列高里十三世（Gregory XIII, 1572-1585在位）鑑於施行已經超過一千六百年的儒略曆誤差過於嚴重，難以校正，因而下令廢止，另訂新曆。這一個新曆法通常就稱為「格列高里曆」（Gregorian calendar），於一五八二年起實施，直到今日已成為國際間最為通用的曆法。格列高里曆也就是我們俗稱的「陽曆」，在辛亥革命成功，中華民國建立時正式採用。

應該說明的是，經過歷史考證之後，耶穌基督實際的誕生年代是在西元前四年才對，但西元紀年的系統已經運作許久，為了避免紀年的混亂，因此不再更動。

經度和標準時間

十七世紀問世的擺鐘，雖然已經相當精準，但是它必須固定在一個定點，才能保持鐘擺的準確度，因此船舶或驛遞等交通運輸無法應用，這對於政務運作、商務推展，或旅行、遷徙等，造成很大的困擾。

不過，這個交通運輸中「時間」測量與顯示的問題，最後卻是因為跨越大洋航行「空間」定位問題的處理，而一併解決了。「時間」與「空間」的關聯性，在標定經度的發明行動中蘊藏著令人驚奇的發現。

「在航行中知道自己的位置」，十八世紀時成為開始在全球擴張的英國最迫切的需求，因此一七一四年英國國會懸賞兩萬英鎊，相當於今日將近三百萬英鎊的重金，獎勵找到解決方法的人。

反思：解決跨越大洋航行「空間」定位的問題，突破關鍵為何是十八世紀時的英國？

要解決問題，基本方式當然就是從「已知」的部分下手，這就得倚靠「經度」的概念。簡單來說，每天有二十四小時，而一個圓圈有三六〇度，因此地球每小時自轉十五度。假如一個人所在位置的時間比「本初子午線」（Prime meridian）所在地還早四小時的話，那麼他應該是在東經六十度左右。

同樣的道理，航行大洋的船隻想要知道自己的位置，最簡單的方式當然就是比較船隻所在位置與已知時間的另一處（例如倫敦）的「時間差」，便可推斷其所在的經度位置。這個概念說起來或許不算太難，但困難的關鍵在於十八世紀時在大洋中航行的船隻無法精確得知自己的時間。

基於重賞，當時有許多人想方設法要解決這個問題。其中有一個相當可靠的方法是觀測木星的衛星來確定經度，不過這需要十分專業的天文學家才能夠勝任，因此不可行。最後，能夠解決這個問題的關鍵人物是約翰．哈里森（John Harrison, 1693-1776），他是一個鐘錶工匠，沒受過什麼正規的教育，卻擁有十分好學的求知態度，以及實作、解決問題的創見巧思與精湛技藝。哈里森從一七三〇年代開始，經過長達三十年的研究、改良、實地測量、反覆校準，先後製作了四個航海計時器；最後編號為H4的航海計時器（外殼直徑已縮小到約只有十三公分），已經可以在長時間航行中不受溫度、壓力、溼度等因素變化的影響，同時也能不受海水鏽蝕的影響，即使在船隻的劇烈搖晃中亦能維持其準時性。英國傳奇的航海家庫克（Captain James Cook, 1728-1779）在其第二次、第三次探索太平洋地區時便使用H4的複製品K1，同時藉由K1的幫助，得以繪製十分精密的南太平洋海圖。

> 反思：庫克沒有使用H4，而另外使用複製品K1，其中的原因其實頗複雜。但是若只針對科學研究而言，使用K1，是有其道理的。回想一下物理或化學老師是否曾經提過近代以來科學研究與實驗的基本準則？答案就在裡頭。

基本上，H4就是一個航海錶，它的出現其實也充分反映了十七世紀之後機械鐘逐步邁向自動化、微小化、精準化的過程。

在能夠精確定位經度之後，緊接著便衍生出兩個重大課題必須處理。

首先是前面曾提到「本初子午線」，就是〇度經線，這是畫定整個經度系統的一個基準。在理論上，地球上的任何一條經線都可以成為本初子午線。最初，確實也有許多國家有各自的畫定。到了一八五一年，英國確定通過格林威治天文台的經線為本初子午線。由於英國的龐大影響力，這樣的畫定在國際航行中逐漸被採用，一八八〇年代初期已有超過七成的船隻使用該線為參考子午線。經過加拿大工程師佛萊明（Sandford Fleming, 1827-1915）的策畫與呼籲，到了一八八四年十月，在美國華盛頓特區舉行的國際本初子午線大會上，來自二十五個國家的代表經過多方角力，最後投票通過，使得「格林威治子午線」正式成為國際公認的經度起點。

值得一提的是，法國代表在投票時棄權，在一九一一年之前仍然堅持以巴黎子午線做為經度起點，之後才不得不妥協，承認國際現勢。此外，日本是參與這個大會唯一的亞洲代表，在會議中，基於考慮華盛頓和東京之間的經度關係，幾經研義，才確定了國際換日線的畫定。

其次一個重大課題，則是「標準時間」。在一八八四年的會議之後，這個問題自然是迎刃而解，「格林威治標準時間系統」隨之成立，成為全球計時的基準。這個系統的建立對於現代社會的運作影響深遠，也讓國際商務與金融活動更加順暢，資本的流動與運用更為便捷，而「時間就是商品」真正成為事實。

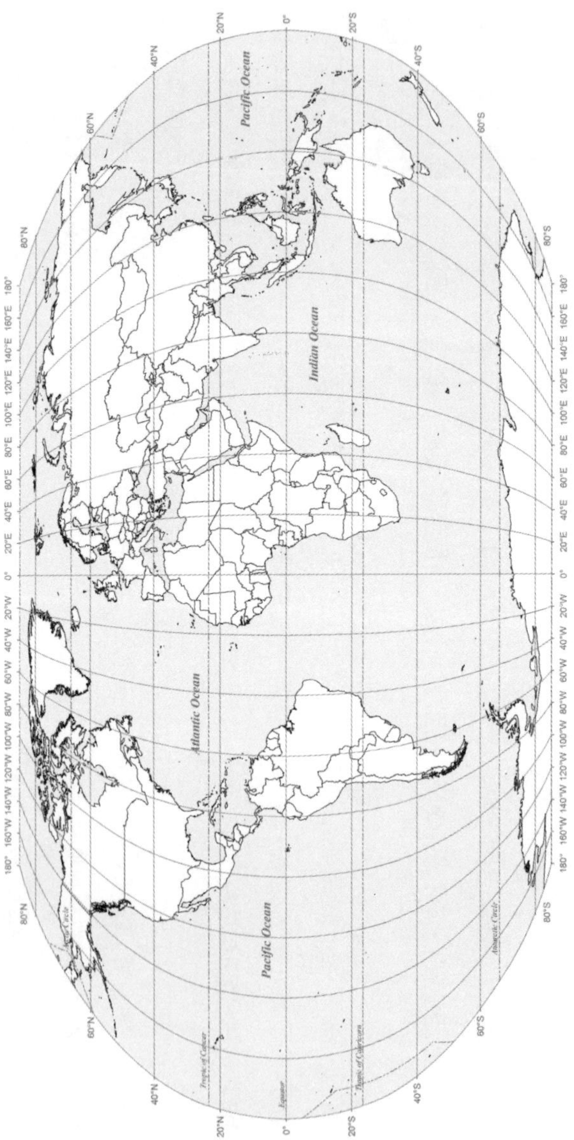

圖3-1 標記經緯線的世界地圖

時間制度與作息紀律

「時間」，或者應該說「時間制度」、「曆法」，向來都是擁有權威者所控管、規範，並且幾乎所有的古代文明經常是運用「授民以時」的模式，責成人民遵守，進而形成一種作息制度，以及社會生活規律。而就中國傳統來看，「曆定正朔」這等大事，更是天子奠定統治正當性的基礎，象徵和實質意義兼具。

當然，要擁有「授民以時」的政治權威，必須具備足夠的聰明才智，或者能夠運用這樣的知識菁英，因此才可以對於自然環境的變化規律，以及社會環境的運作邏輯都能夠通透理解，並且還能瞻前顧後、鑑往知來，洞察與掌握「變」和「常」的關係，進而賦予意義，再轉化成為全民共識，以及累積成為文化傳統。

歐洲中世紀的發展，「授民以時」的權力由教會所掌握，「教會的時間」規定了僧侶、信徒的日常作息，教堂高聳的鐘樓象徵一種規律，每天都有專人依照固定的時間敲打大鐘，指引信徒禱告。至於機械鐘的發明，也跟這種信仰紀律有關。原來修道院的修士必須固定時間進行禱告，但習慣上使用的沙漏等計時工具，不是不夠精確，就是時常受到人為疏失的干擾，於是在這樣嚴肅的需求中，促成機械鐘的發明。十四世紀之後，各地教堂的高塔逐漸裝置這樣的機械鐘，這算是一種半自動敲打的鐘，代表著更加理性、規律的時代精神。

大約十三、十四世紀時，教堂前的廣場已經逐漸發展成為各種不同形式的市集，商人在世俗的作息中開始參照教會時間進行買賣。隨著行會規模擴大、貿易活動範圍逐漸延伸至遠方，「商人的時間」開始重要，於是脫離對於教會時間的依附，精打細算，建立屬於自己的時間制度與作息規律。

到了十八世紀後期工業革命時代來臨，「時間就是金錢」已經從商人的信仰轉變成為資本家在工業生產過程中的教條。勞工的工資是依照「工時」計算、發放，而勞工的出缺席、勤惰管理，工廠生產流程的設計與勞動力配置等，「時間」是一個絕對的標準。在作息紀律的壓力下，勞動力的榨取變成順理成章，而勞工的自主意識則幾乎完全泯除。至於「守時」，則成為一個新的行為規範，乃至不容置疑的倫理準則。

另一方面，歐美國家在十九世紀後期逐漸建立「標準時間」系統之後，政府、學校、交通、產業活動，甚至休閒活動等，都同受一種嚴謹的作息紀律所規範。這就是理性、進步的現代社會所應該具備的行為表現。

亞洲的日本在明治維新之後逐步推動西化建設，恰好能夠及時接收這套剛剛建置起來的時間系統，甚至來得及參與一八八四年的國際本初子午線大會。此外，日本在一八七二年正式施行「格列高里曆」，並透過學校系統加以教育和推廣。在這樣的新曆法和標準時間制度中，日本人開始適應「星期」的循環，依照機械時間的運轉來上下班。隨著工商產業、交通運輸、郵政電信的興盛普及，這種作息規律逐漸滲透到日常活動的細節中，形塑一種新生活的文明精神。

一八九五年之後，臺灣成為日本的殖民地，標準時間制度大約在一九二〇年代正式地向臺灣人推行，此後，臺灣人的日常生活開始受到機械時間的規範，逐步學習適應現代社會體系的運作，並領受殖民者透過作息紀律而試圖灌輸、塑造的社會行為規範。

歷史課本這樣說

或許是因為對於「時間」太熟悉了，以致歷史教科書針對「時間」的處理，幾乎是視為不言自明。在絕大多數的篇幅中，「時間」是以年、月、日這些「機械性的時間」為基底，而用來構成教科書內容骨架的則是以朝代興衰、君主存亡、戰爭勝敗之記載為主的「編年體」，一切都是依照時間先後順序加以呈現，並且據以做出先因後果式的解釋。

在臺灣史和中國史部分，過去課綱採行「編年體」結構，相當明顯，政權的遞嬗成為歷史分期的依據，以及篇章內容的主體。譬如，臺灣史的篇章順序，不外乎：早期歷史（十六世紀中葉以前的臺灣與原住民）、荷西（國際競逐）時期、鄭氏統治（或明鄭）時期、清朝統治時期（以開港區分前後期）、日本殖民統治時期、中華民國（當代臺灣）時期。

中國史部分，晚近在減少篇幅的趨勢中，已將各個相近的朝代或政權做了整併，譬如：遠古時代、先秦時代（商、西周、春秋戰國）、秦漢至隋唐時期、宋元明與盛清時期、晚清時期、中華民國建立與發展、當代中國（中共）與臺海兩岸關係。

不過，到了「108課綱」，無論臺灣史、中國與東亞史，都改採「議題」來編排篇章，「編年」形式已經模糊化了。但這樣的改變，引來不少質疑。

在絕大多數學生，以及不少的歷史老師心目中，所謂的「時間」學習，就是把歷史中的朝代或時期的先後順序，以及重大歷史事件的先後順序弄清楚，最好是滾瓜爛熟、倒背如流。

至於世界史的編寫比較特別。雖然我們的教科書中以歐洲史佔了較大的篇幅，但即使是歐洲史，裡頭依然包含許多地區的政權和文明，因此在篇章架構上，不同的課程綱要之間出現不同的規畫理念，但依然都是以「時間」為主軸，再輔以一種十分概觀式的文明或時代想像，以便能夠把相近時期各個地區的發展，橫向地加以整併在同一個主題之下（請見下頁表格）。

從表格的呈現中，就可以很清楚地知道「時間」是依照年代先後順序「機械性」地排列了下來，如果不特別標示年代，「時間」根本是一種潛藏的、順理成章、不言自明的架構，而真正讓老師和學生用來進行教學、考試的是「主題」，以及其下被「時間」和「主題」所框限的各個地區歷史事件的發展。

> 反思：「時間」真的不需要學習嗎？再者，「時間」真的不言自明嗎？

表3-1 兩份世界史課綱的比較

95年課程綱要	
古代文明	大河與文明、哲學的突破、古典文化的形成
普世宗教與中古文明	200A.D.~1000A.D.東亞印度教與佛教、歐洲基督教、拜占庭與基督教、阿拉伯與伊斯蘭
世界文明的蛻變與互動	1000A.D.~1500A.D.歐洲文藝復興、歐亞大草原民族的遷徙、地理大發現、東南亞的文明交匯
近代歐洲的興起	宗教改革、近代國家的形成與發展、早期資本主義與世界體系、科學革命與啟蒙運動
遽變的時代	美國獨立革命、法國大革命、工業革命
資本主義國家的挑戰	西方國家的優勢、非西方世界的危機或轉機
歷史的轉折	世紀末、第一次世界大戰、俄國大革命、亞洲的反殖民運動
世界霸權的爭奪	第二次世界大戰、冷戰、「六〇年代」、後冷戰時期的世界

100年課程綱要	
文明的興起與交會	亞非古文明、歐洲古文明、歐亞文明的發展與交會（印度與伊斯蘭文明、基督教文明與伊斯蘭文明、蒙古西征）
近代世界的轉變	近代伊斯蘭世界的擴張（鄂圖曼帝國、蒙兀兒帝國）、歐洲的興起（文藝復興、宗教改革）、歐洲國家與海外探險、新舊大陸的接觸
歐美國家的變革	歐洲思想與政體的變化（科學革命與啟蒙運動、君主制度的發展）、歐美政治與經濟的鉅變（美國獨立革命及其建國與發展、法國大革命與拿破崙帝國的興亡、英國工業革命及影響、資本主義的成長）、政治民主化與建立民族國家的風潮
世界霸權的爭奪與衝突	帝國主義國家的競逐、第一次世界大戰、戰間期、第二次世界大戰
從對立到多元世界	後冷戰時代的世界新局與挑戰、後冷戰時代的世界新局與挑戰

註：為避免閱讀上的負擔，以上兩份課程綱要的文字有所精簡。

我們的歷史教科書似乎將鐘錶時間、曆法時間這樣的「機械時間」當成大家應該都已經知道的背景性知識，這種認知是大有問題的。

一方面是針對「機械時間」的理解，其實沒有想像中的容易，歷史學者或歷史老師可能精於此道，但學生（尤其十五歲以下）對於這種抽象內容的學習，並非與生俱來皆會，而且在學習過程中也未必人人都可以勝任愉快。

另一方面，無論鐘錶時間或曆法時間，在每一個文明中都指向一種「時間制度」的建立，推而廣之，更加涉及人如何在「天」、「地」之間進行合宜、正確的「作息」，這顯然是攸關文明發展最為核心的工作，自然也就成為歷史探究的重要課題，比依照機械時間排序還來得重要，並且更是一個必然得跨學科領域合作的重要課題。可惜的是，這麼重要的「時間」課題，在歷史課程綱要或者教科書中卻是一直忽略。

在歷史教科書中關於「時間」的處理，比較特別的是有些版本會在臺灣史中的「日本殖民統治時期」，探究日本在臺灣建立標準時間制度，同時透過教育、工廠、交通，以及其他的社會規範來塑造以「守時」為核心的現代化生活規律。這應該是教科書所有的篇幅當中處理「時間」課題最為具體、有趣的部分。

歷史可以這樣學

在歷史課的學習中，能夠依照機械時間將某一個歷史事件的過程發展排出先後順序，是一種能力沒錯。不過，這只是基礎，更進一步而言，想要真正提升歷史思考能力，或者掌握歷史發展的細節、關鍵，能夠「運用時間進行理解」始終是訣竅所在，但這裡所謂的「時間」，卻遠遠不只是機械時間而已。那究竟還包括什麼呢？以下就來探討這個課題。

「時間」的學習與時序理解（Chronological understanding）

「時間」是需要學習的。我們幾乎已經忘了在童年時期是怎麼學會從時鐘計時而知道「現在是幾點鐘」。接著是在小學的算術課，也不知花了多少時間學習「機械時間」的計算，從月、星期、日，到時、分、秒，從整數到小數、分數，「時間」成為運算的素材，以及從算術中連帶學會的抽象概念。

當年學習「時間」，只是當成一個功課，或者是生活中的一個基本技能。但現在回想起來，這樣的學習其實哪只是算術、生活技能而已！我們都在不知不覺中開始加入了這個「現代社會」，學習了必要的作息規律。

我們遵守每天的功課表，上學、放學、上課、下課，也依照學期行事曆，參加各種活動與考試，更換夏季或冬季制服，以及享受週末、寒假、暑假。並且根據規定，在一定年限內完成修業，然後畢業。在這過程中，我們進入了一個更加複雜而全面的時間網絡，同時奉行作息的紀律。

作息的紀律還更進一步成為內在品格形塑的標準，這是由「守時」和「惜時」所構成，演變出許多的行為準則、倫理規範與人生意義。

歸納而言，「機械時間」概念的學習其實很抽象，對於兒童來說，並非與生俱來就能知曉，必須經過多年的學習才能逐漸掌握。至於「機械時間」之外或之上的一整套行動準則，兒童及青少年更是需要多年的「規訓」才能完成內化，成為深信不疑的觀念，以及根深柢固的習慣。

從一個更高層次來看，重視能夠使用同等的間隔加以度量與講究精確化的機械時間（包括鐘錶時間、曆法時間、標準時間），以及隨之而來「守時」、「惜時」品格的表現，和社會運作體系邏輯的遵行，明顯成為「理性、文明、進步」的象徵。這是工業革命以來，先進國家引以為傲的成就，後進國家引領企盼、亟待迎頭趕上的目標。

> 反思：根據這幾個段落的探討，關於學習「時間」，原來具有哪些層面的目標啊？

另一方面，關於「時間」的學習，還有一個相當豐富的內容不屬於「算術／數學」課、「生活與倫理／公民與道德」課的範圍，而是畫歸在「歷史課」中進行的。

這包括了「時間」的相對性、延續性、同時性，和時代（era）、時期（period）等概念，以及建立一種編年架構（chronological framework）將事物的變化加以編排，或者從這樣的變化當中產生一種特殊的時期感（sense of periods），甚至賦予一種時代精神或者時代意義的方法或能力。這些關於「時間」的內涵或意義，顯然具有明顯的「歷史學」特性，與「機械時間」大不相同，甚至也不受「機械時間」主導，我們可以稱之為「歷史時間」。「歷史時間」不只是抽象的，而且還是主觀的，在理性之外，同時也包含了許多情感、非理性的層面。

學習歷史的重要工作之一，就是學習各種「時間」的概念、內涵、意義，以及在這樣的基礎上，運用「時間」進行思考和理解。換言之，以上種種跟「時間」有關的內容，在中學的歷史課程中都有可能加以運用，或者探究。

在歷史課堂上學習「時間」、運用「時間」進行思考，我們很自然地得先藉助「機械時間」。原因很簡單，關鍵在於記錄事物的變化，首先得需要一個架構加以「安置」，不可能是隨意、零散的擺放。由於事物的變化往往有前因後果，所以我們需要的架構就會按照「先後」的順序來設計，「機械時間」便是一個現成的最佳工具，「時序」就成為我們表述、進而理解事物變化的常用架構。

「時序理解」是我們在歷史學習當中所需要具備的一種「核心」能力，相當重要。大致上，「時序理解」至少可以包含六個基本的內容：

1. 能夠運用各種「機械時間」（例如：日、月、年、世紀、西元前）來描述、討論過去。
2. 能夠熟悉主要的歷史分期方式（例如：史前、中古、近代、明清時期、工業革命時期）來描述、討論過去。
3. 能夠蒐集、運用各種圖文資料，依時間順序建立一個編年架構（例如：年表、時間軸）。

4. 能夠運用一個編年架構，將相關的（新）資訊和（新）知識融入，描述與討論某一個重要的歷史發展及其影響（例如：工業革命）。

5. 能夠比較不同的過去（時代），或者過去與現在，了解其間的差異和類似之處，並依其各自的特質區分成幾個不同的時期，賦予一種時期感，或者歷史意義。

6. 能夠分析不同的歷史時期，或者過去與現在，探究其間得以形成變遷（change）、延續（continuity）或斷裂（break / fracture）的關鍵因素。

「時序理解」這六個基本內容，或者基本能力，是學習歷史的重要基礎，它的內涵或重要性，遠遠超過僅是依照機械時間將史實編排而已。在高中階段，只要經過適當的引導和練習，十五至十八歲的學生多數應該至少可以掌握前四個要項。大致來講，拿這樣的程度來完成課堂學習、應付現行的各種考試，已經不會有什麼問題。

但如果要深入歷史學習的精彩之處，獲得一種深刻的樂趣，最後兩個要項就是關鍵。我們閱讀各種歷史書籍，往往就在抵達最後這兩個層面上，才會恍然大悟，產生一種豐富、緊密、踏實的感受，以及欣喜之情。

歷史時間和歷史分期

在歷史研究中，「時間」可以區分為兩種，一是「機械時間」，二是「歷史時間」。兩者都是人為建構的，差別在於前者可以數字化，具有客觀、精確的度量單位，並且可以計算、換算，還可以標準化，成為一種普遍的計時系統。至於歷史時間，往往是主觀的認知，很難具備放諸四海皆準的性質，而且也不具備同等的間隔單位，甚至不是線性、單一方向的演進。

我們在進行歷史探討時，習慣上，通常會將相關的人、事、物加以「時間化」，這裡主要是藉助「機械時間」來進行，以便先建立一個可以客觀討論、推估、比對的編年架構。「機械時間」的功用，大致上就只有到此為止。

展開歷史探究時，真正會激盪、產生豐富意義的部分，基本上都屬於「歷史時間」的作用。以下舉兩個例子。

十九世紀，於何時結束？一八九九年，或者一九〇〇年？

這個問題的答案應該不難，當然是「一九〇〇年」。

然而，這只是依據「機械時間」而得的答案。如果就某些歷史學家而言，他們的答案很可能是一九一四年，第一次世界大戰爆發的那一年。因為就在這一年之後，那個「美好、文明、高貴」的十九世紀歐洲，才真正地永不復返。而一九一三年，則是那繁華落盡前夕最後的黃金年代，伊里斯（Florian Illies）的名著《繁華落盡的黃金年代：二十世紀初西方文明盛夏的歷史回憶》，就以逐月記述的工筆方式，將歐洲傳統的人文薈萃做出精彩的描繪，以及最後的巡禮。

第二個例子，是關於「工業革命」（Industrial Revolution）於何時開始。關於這個問題，歷史學家可有不同的答案。有人認為是一七六〇年代，有人認為是一七八〇年代。然而，這樣的討論至少還有一個關於地點的共識，那就是工業革命發生於英國，更精確地說，是起源於英格蘭中部地區。不過，大家公認促成英國工業革命的推手瓦特（James von Breda Watt, 1736-1819），可是蘇格蘭人，而且他是在蘇格蘭的格拉斯哥大學工作，完成蒸汽機的改良。

如果仔細研究瓦特改良、製造蒸汽機的過程，他的成品可以穩定地製造出來，並且開始量產，是在一七七六年。在這一年之後，瓦特的蒸汽機才逐漸為人們知曉，並有了實際的運用，他也開始獲得大量訂單，賺到了錢。如果我們真的這麼重視蒸汽機的代表意義，將工業革命的開始設定在一七七六年，似乎有其合理性。

反思：瓦特將蒸汽機商品化，還順利開闢市場，始自一七七六年。將一個發明成功地「商品化」、「市場化」，需要技術的突破嗎？除了技術之外，還需要其他的關鍵配套嗎？

但如果我們把視野放寬，在一七七六年，或者一七八〇年代這個時間點上，同時間其他地區可就不存在著工業革命的現象，甚至相關條件都還未具備。不要說亞洲地區，或者當時國勢強大的清朝，即使是鄰近英國的法國、「低地國」地區，連個工業革命的影子都還沒有。至於遠在大西洋另一邊的美國，則剛剛宣布獨立，走上與英國分道揚鑣的路子，整個一七八〇年代幾乎都糾葛在「聯邦」或「邦聯」體制的爭執當中。

關於「歷史時間」的另一個重要課題在於「命名」。命名之所以產生，主要是因為人們對某一個歷史時間有了獨特的識別，或者評價。這方面的例子當然充斥在所有的歷史探究中，以下也舉兩個例子，以便掌握關於「命名」的重要議題。

首先，是關於臺灣史中一個一直存在的爭議：到底「日治」，或者「日據」，何者是正確的？想要釐清這個爭議，我們勢必得牽涉到兩種史觀的角力，並且應該設身處地了解彼此關於兩個名詞的詮釋觀點有何不同。在仔細思辨之後，或許化解爭議的較佳方式是選用另外一個命名：「日本殖民統治」。當然，還是有一些人發出批判，認為「日本殖民統治」一辭呈現的是大中國史觀，應該拿掉「殖民」二字方能彰顯臺灣的主體性。此一說法固有其道理，但是也有另一些人質疑，認為「日本統治」一辭可能反映了皇民史觀，落入一種「後殖民」（postcolonial）處境而不自知。

反思：什麼叫做「後殖民」？部分的歷史教科書會在第四冊探討二十世紀後期亞洲、非洲的歷史發展時，運用到這個概念。但為何是這個時期、這些地區呢？

或許乾脆用臺灣民間慣用的「日本時代」，省略動詞所帶起的意義紛爭，應該是可行的。至於一八九五至一九四五年間日本在臺灣的種種統治作為，對於當時或者後來的正反面影響都十分重大、深遠，如果使用「日治」者忽略反面影響，使用「日據」者忽略正面影響，那才是最為嚴重的弊病。

其次，關於「科學革命」（scientific revolution），許多人在使用這個名詞時，幾乎是當成「十七世紀」的另一種說法。當然，這樣的互用，是非常「歐洲中心論」的，與歐洲以外地區毫無關聯。

至於更大的爭議則在於，何謂「革命」？這一段大家似乎言之鑿鑿的歷史，真的存在嗎？到底是誰率先指稱十七世紀是「科學革命」時代？

謝平（Steven Shapin）便主張應該重新探究這段歷史。他認為這與十八世紀法國的「啟蒙運動」推動者有關，是來自於他們對於時代變革的一種特別認知，並且蘊含著一種特別的行動意圖。實際上，在歷史演變中，始終不存在著某個時期、某個地方，曾經有個獨一無二的「科學革命」發生。

類似這樣的例子，其實也存在於「文藝復興」時期重要人物，尤其是佩脫拉克（Francesco Petrarca, 1304-1374）所指稱，在五世紀直到十三世紀之間，歐洲有一個「黑暗時代」。這個指稱使用到十九世紀之後，才開始受到挑戰，目前，我們已經比較常使用「中世紀」來指稱與討論。

與「歷史時間」是一體兩面的「歷史分期」，也是一個很豐富、有趣的課題。會出現「歷史分期」的想法與做法，是因為要討論的歷史時間太漫長，或者太豐富了，而且前後之間可以觀察到一些明顯的變遷、差異。因此，為了進行比較細膩、深入，或者聚焦的分析探究，所以就分割時間，做出若干的分期。

關於「歷史分期」的例子實在太多了，甚至於不同的人可能都有不同的區分方式及標準。比較值得說明的是，「歷史分期」有兩個基本型態，一個是在某一個歷史時間中區分成前期、後期之類，例如，以一八六〇年為界，將清朝統治時期的臺灣史，區分為前期、後期；然而，如果我們比較關注的是清朝統治政策的轉變，一八七四年，或許是另一個合適的分期界限。

反思：一八六〇、一八七四年各發生了什麼大事啊？以致可以拿來做為臺灣史分期的一種依據？

「歷史分期」的另一個基本型態，是在一個更長久的時段中區分出若干時期。例如，利用「朝代」來將中國歷史分期，依據統治政權的不同，將臺灣史分期。此外，也是相當常見的一種做法，是將歷史區分成上古時代、中古時代、近代、現代或當代等，但是不同時代之間的分界如何畫定，往往有相當多的見解或爭議，而且隨著相關研究的發展，許多見解或爭議也會發生改變。

歸納而言，歷史時間或歷史分期是相當「人工化」的，但這是在探究歷史時，往往必須藉助的主要方式，這樣才比較能夠進行討論、溝通。之所以這樣做的道理很簡單，因為我們不太可能譬如說在西元二〇〇〇年（二十世紀或西元後第二個千禧年的最後一年）結束當時，就把所有的事情全部完成，或者把某一個階段的事物全部終結掉。再者，在討論某一個歷史時間或歷史時期，如果沒有一個命名，難不成要用「這個時期」、「那個時期」來說明嗎？

反思：其實，我們每個人也可以將自己從小到大的生命歷程分期。嘗試著練習一番，譬如說若要暫時分為兩期，哪一個事件或時間點比較適合當成界線呢？對我們自己而言，那個事件或時間點一定充滿意義，以致在那之後，我們自覺一切都不一樣了。

時期感和時間意識

「時期感」（sense of periods）是一種針對歷史時間的感知，這種感知可能是快或慢、喜悅或憂傷、理性或迷信、延續或斷裂、偉大或渺小、光明或黑暗等等。

「時期感」當然與「歷史時間／分期」息息相關，「時期感」不是直觀的，而是一種針對某一段歷史深入探索之後所得到的整體感知、心得。同時，它也聯繫著一種抽象、概觀的理解，但可以用來分析、審視某一段歷史當中的各種主題、關係，以及特色。

具體來說，不同時期的人（例如唐朝人、宋朝人；戒嚴時期、解嚴後的臺灣人），或者同一時期不同社會階級的人（工業革命時期的英國資本家、工廠裡的勞工），其特質或關懷的事物常常是不同的，如果我們學歷史時把他們全部混在一起，完全忽略其間的差異或變遷，這是相當不好的。

敏銳地感知不同時期的各種特色或風格，既是深入探索歷史的成果，也是繼續深入探索歷史的依據。

至於時間意識（time consciousness），這是一種更加抽象化、概觀式的理解與詮釋。

日出日落、四季更迭，是大自然運作的規律，但人類在觀測時序、計算時間、發明節令與曆法之餘，同時也賦予「時間」諸多的意義，這正是「時間意識」的運作，或者展現的成果。

在這些賦予的「意義」中，我們對於「惜時」、「愛惜光陰」是非常重視的，因此在傳統中出現許多名言佳句，多數人應該都可以琅琅上口。譬如：

- 光陰似箭，日月如梭。
- 一寸光陰一寸金，寸金難買寸光陰。
- 少壯不努力，老大徒傷悲。
- 逝者如斯夫，不舍晝夜。
- 人生天地之間，若白駒之過隙，忽然而已。
- 盛年不重來，一日難再晨，及時當勉勵，歲月不待人。
- 莫等閒，白了少年頭。空悲切！

- 花有重開日，人無再少年。
- 勸君莫惜金縷衣，勸君惜取少年時。
- 一日之計在於晨，一年之計在於春，一生之計在於勤。
- 時間就是金錢。

至於「守時」，相形之下，就沒有這麼多精彩的智慧之言。「守時」意味著「準時」，這種關於時間的「精確化」要求，近代以來才備受強調，傳統社會大抵上是講究「守信」，內涵中比較不具備關於精確時間的斟酌。當然，要求「守時」的美德，也必須考量近代以來計時工具的技術因素所起的作用，以及「時間就是金錢」所牽涉愈來愈龐大的經濟利益。

無論如何，當代「時間」的標準化，以及成為社會規範、經濟商品，甚至科學活動的成敗關鍵，已經讓我們的時間意識大不同於以往，逐漸偏向外部性及效益性的衡量計算。

然而，時間意識的運思如果一直是如此的外顯、工具導向，那將會造成一種扁平化、淺薄化的危機，而這樣的危機也將會造成歷史思考與探究的式微。

因此，關於「逝者如斯夫，不舍晝夜」（《論語．子罕》），藉由川水的隱喻，洞察時間流逝的終不止息；關於「人生天地之間，若白駒之過隙，忽然而已」（《莊子．知北遊》），藉由過隙白駒的隱喻，形成一種參透變化、超越古今生死的曠達，應該都是我們必須重新體悟的時間意識。這樣的體悟將可以重新喚回一種人文的省思，在「延續」與「變遷」、「共通」與「差異」、「短暫」與「長久」等關係中，探索與審視歷史的意義，以及我們此在的人生或社會的處境。

主要參考／建議閱讀的書籍：

Blaise, C. 著，范昱峰譯，《尋找時間的起點》。臺北市：時報文化，2003。

Duncan, D. E. 著，丘宏義譯，《抓時間的人——人類探索日曆的智慧接力》。臺北市：雙月書屋，1999。

Falk, D. 著，嚴麗娟譯，《探索時間之謎：宇宙最奇妙的維度》。臺北市：貓頭鷹，2010。

Gleick, J. 著，林琳譯，《我們都是時間旅人：時間機器如何推動科學進展，影響21世紀的人類生活》。臺北市：時報，2018。

Illies, F. 著，唐際明、林宏濤譯，《繁華落盡的黃金年代：二十世紀初西方文明盛夏的歷史回憶》。臺北市：商周，2014。

Leduc, J. 著，林錚譯，《史家與時間》。臺北市：麥田，2004。

Levine, R. 著，馮克芸、黃芳田、陳玲瓏譯，《時間地圖：不同時代與民族對時間不同的解釋》。臺北市：臺灣商務，1997。

Rosenberg, D. & Grafton, A. 著，葉品岑譯，《時光的製圖學：由時間軸拉開的人類文明史》。臺北市：麥田，2018。

Shapin, S. 著，許宏彬、林巧玲譯，《科學革命：一段不存在的歷史》。臺北縣：左岸文化，2010。

Sobel, D. 著，范昱峰、劉鐵虎譯，《尋找地球刻度的人》。臺北市：時報文化，2006。

Thompson, D. 著，賈士衡譯，《時間的終點》。臺北市：揚智，1999。

呂紹理著，《水螺響起——日治時期臺灣社會的生活作息》。臺北市：遠流，1998。

林慈淑著，《歷史要教什麼？——英、美歷史教育的爭議》。臺北市：臺灣學生，2010。

第4章 沒有結束的一戰

歷史可以不一樣

只要上網查一查資料，就會知道「第一次世界大戰」（World War I）爆發於一九一四年七月二十八日，結束於一九一八年十一月十一日。這不就結了嗎？怎麼還要硬說是「沒有結束」呢？

其實，這就是「歷史思考」有趣的地方！

從「歷史事實」來看，一九一八年十一月四日至七日，駐紮於波羅的海軍港基爾（Kiel）的海軍兵變，並與反對派政治菁英取得聯繫，以社會民主黨（Sozialdemokratische Partei Deutschlands, SPD）為首，對當局形成巨大壓力。在革命浪潮迅速蔓延至柏林的情勢下，眼見大勢已去，為了維持國內穩定，經過密切研商後，由首相巴登親王馬克西米利安（Prinz Maximilian von Baden, 1867-1929）於十一月九日宣布德意志皇帝與普魯士國王威廉二世（Friedrich Wilhelm Viktor Albert von Preußen, 1859-1941，1888-1918在位）退位，社民黨主席艾伯特（Friedrich Ebert, 1871-1925，後出任威瑪共和首任總統）接管政府權力，聯合各政黨著手建立共和國。威廉二世則於十一月十日流亡荷蘭，尋求政治庇護。

另一方面，在兵變及革命壓力下，德軍最高統帥興登堡（Paul Ludwig Hans Anton von Beneckendorff und von Hindenburg, 1847-1934）決意求和，十一月七日拍發電報要求和協約國聯軍總司令、法國元帥福煦（Ferdinand Foch, 1851-1929）會見。雙方在協議後，德國代表團南下穿越毀於戰火，早已荒蕪的法國北部地帶，到達康邊（Compiègne）附近，福煦元帥指定的祕密地點進行談判。

經過三天艱苦的談判，德國代表幾乎沒有迴旋餘地，被迫接受苛刻的條件。停戰協定於十一月十一日上午五時達成，並定於巴黎時間上午十一時正式生效。所以，這個停戰協定也常被稱為「第十一個月的第十一天的第十一個小時」協定。《康邊停戰協定》生效，代表著第一次世界大戰告一段落。

在停戰協定的基礎上，戰勝的協約國（Entente Powers, Allies）和戰敗的同盟國（Central Powers）經過「巴黎和會」長達七個月的談判後，於一九一九年六月二十八日在巴黎近郊的凡爾賽宮簽署條約，標誌著第一次世界大戰正式結束。《凡爾賽條約》（*Treaty of Versailles*）隨後獲得「國際聯盟」（League of Nations）的承認，於一九二〇年一月十日生效。

然而，第一次世界大戰（簡稱「一戰」）真的結束了嗎？

「歷史事實」構成了認知的基礎，但不同的人在不同的時空如何（重新）理解、演繹、解釋，賦予不同的意義，開啟一種有助於探索人們自身所處時空情境的思辨或洞察，這應該是學習歷史最有趣、最具挑戰性的地方。

以下，我們就嘗試著站在「二〇二四年」，重新思辨及探索：一戰，真的結束了嗎？

從「俾斯麥體系」說起

要重新探索一戰，較為適合的起點應從「俾斯麥體系」（Bismarck's system of continental alliances, 1873-1892）開始。

俾斯麥（Otto Eduard Leopold von Bismarck, 1815-1898）先後擔任普魯士王國首相（1862-1871）、德意志帝國首相（1871-1890），是深化德意志民族主義，擘劃普魯士統一帝國大業的功臣。

在普法戰爭（Franco-Prussian War, 1870-1871）中，法國慘敗，割地賠款，德意志帝國終於建立。俾斯麥深知德國地處中歐，與多國接壤，國防線延伸四面八方，一味仰賴戰爭，難以使新興的德國繁盛，而且法國雖然戰敗，依然是不容忽視的宿敵，如果要運用外交手段來維護德國的安全，最佳戰略就是「孤立法國」，首要目標則是阻止俄羅斯、奧匈帝國加入法國陣營。因此，俾斯麥精心設計了名為「大陸政策」的均勢外交原則，建立以德國為中心的聯盟體系，一方面聯合奧、俄，另一方面拉攏英國。

以外交協調折衝取代戰爭武力相向，孤立及打擊法國，鞏固和保障德國在歐洲大陸的霸權地位，從而保證歐洲國際體系的穩定，這就是「俾斯麥體系」的宏觀戰略。

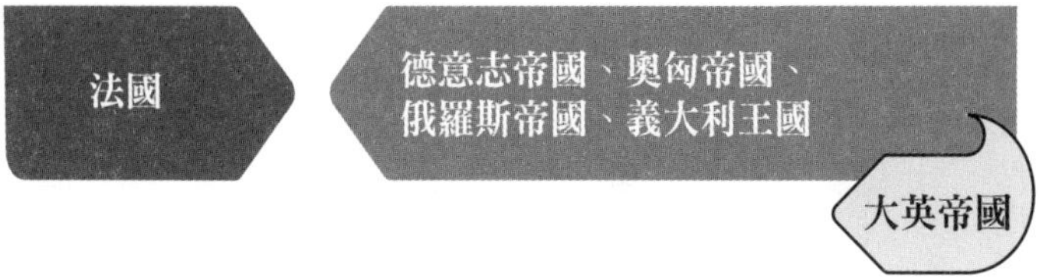

圖4-1 俾斯麥體系（1873-1892）：孤立法國

從一八七三年到一八九二年，俾斯麥體系逐步運作約二十年，這段期間歐洲強權之間沒有兵戎相向，即使在巴爾幹半島的爭奪中，俾斯麥也盡力協調俄羅斯、奧匈帝國間的利益衝突，並避免刺激英國。由於奧匈帝國希望拉攏德國支持其與俄羅斯的對抗，而俄羅斯後來也希望尋求德國支持，化解英國在「近東」（Near East，以地中海東部沿岸、巴爾幹半島、非洲東北部為主）及亞洲的壓力，這使得德國擁有整合奧、俄兩國的主動權。

在先後拉攏奧匈帝國、俄羅斯之後，俾斯麥利用英國、義大利與法國之間在地中海區域的矛盾，以及英國在近東地區與法國間的競爭，成功地先和義大利結盟，再利用和奧匈帝國、義大利的結盟為媒介，輾轉取得與英國有限度的聯合。

差不多在一八八七年，俾斯麥體系終於完成。不過，這是一個脆弱的聯盟體系，奧俄之間、奧義之間、英俄之間，乃至德英之間，都存在著矛盾或衝突，彼此都在算計著可能的效益和風險。當然，我們也可以換個角度來看，俾斯麥真的很厲害，能夠在複雜的國際情勢中善用外交手段，盡力消弭歐洲強權之間爆發戰爭的風險，維持一個對大家都好、相對穩定的歐洲體系，進而確保德國安全與富強的發展。

但是，好景不常。德意志新皇威廉二世於一八八八年繼位後，在帝國擴張方針上開始與深謀遠慮的俾斯麥產生衝突，一八九〇年俾斯麥終於去職。威廉二世乾綱獨斷，兩年後，苦心經營近二十年的「俾斯麥體系」正式瓦解，原來防範法國壯大的布局破裂。

威廉二世倡導「大日耳曼主義」攏絡奧匈帝國，迫使俄羅斯帝國另外尋求國際結盟；他又推動「大海軍主義」，於是直接威脅大英帝國利益。久遭孤立的法國立即把握機會，與俄國結盟，又與英國建立合作關係。至於英、俄兩國，也在許多衝突後取得彼此的諒解，簽訂盟約。大約在一九〇七年之後，德、奧、義「三國同盟」與「法、俄、英」三國協約的針鋒相對態勢出現了。

基本上，「俾斯麥體系」正式瓦解後，第一次世界大戰的局面已然形成。

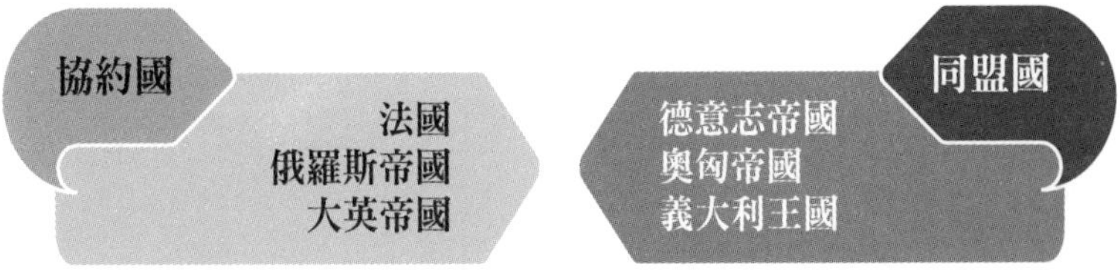

圖4-2 俾斯麥體系瓦解後的轉變（1893-1914）

> 反思：「亞歷山大三世橋」是座拱橋，向來被公認是巴黎塞納河上最華麗的橋，造訪巴黎的人幾乎都會去一睹風采。請上網查找這座橋的來歷，欣賞其藝術造詣，並想一想與法俄同盟有何關聯？

一九一四年六月二十八日，奧匈帝國儲君斐迪南大公（Archduke Franz Ferdinand Carl Ludwig Joseph Maria of Austria, 1863-1914）到巴爾幹半島西北部奧國管轄區視察，遭到塞爾維亞民族主義者刺殺。奧匈帝國經過調查、談判後，對塞爾維亞王國下了最後通牒，在未獲得滿意的回覆後，七月二十八日向塞爾維亞宣戰。俄羅斯帝國隨即以「大斯拉夫主義」之名，堅持對塞爾維亞的保

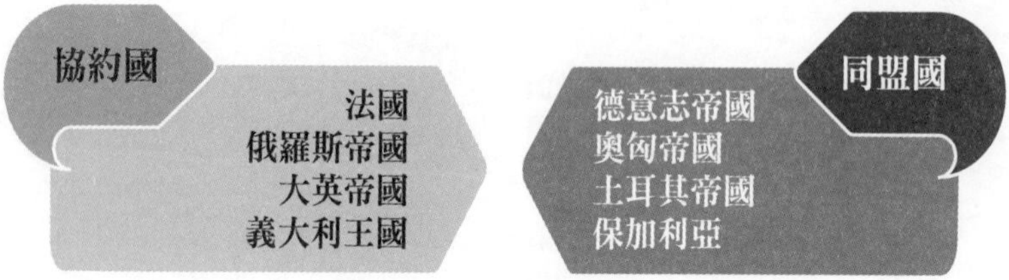

圖4-3 兩大陣營主要國家的對壘（1915-1917）

護責任，因此向奧匈帝國宣戰。到了八月四日，除義大利王國仍保持中立外，德國、法國、英國紛紛按照盟約宣布參戰。但英國、法國另透過祕密外交，承諾戰後會將義大利北部與奧匈帝國交界「講義大利語」的區域併入義大利，於是義大利倒戈，一九一五年四月加入協約國，向同盟國宣戰。

一戰期間，牽動兩大陣營戰況變化的最重要事件，應是美國加入協約國參戰（1917），以及俄國退出戰爭（1918）。

美國遠在大西洋另一岸，原先與歐洲戰場關連不大，保持中立，但因為德國為斷絕協約國的海外補給，在大西洋肆意攻擊，擊沉多艘美國船艦，再加上「齊默曼電報事件」（Zimmermann Telegram）的刺激，促成美國參戰。

俄國於一戰期間無法承受戰爭帶來的巨大耗損，經濟崩潰，失業率驟增，士兵極度厭戰。在經歷了一九一六年嚴酷冬天的折磨後，一九一七年爆發「二月革命」，迫使皇帝尼古拉二世（Nikolay II Aleksandrovich Romanov, 1868-1918, 1894-1917在位）退位。然而，臨時政府選擇繼續作戰，工人及農民忍受不了無止盡的戰爭和貧困，因此響應「布爾什維克派」（Bolsheviks）領袖列寧（Vladimir Lenin, 1870-1924）領導的「十月革命」，建立蘇維埃政府，這是世界上第一個社會主義國家，一般稱為「蘇俄」。列寧尋求與德國停戰議和，並宣布退出戰爭。

俄國於一九一八年初退出戰場後，德奧聯軍立即將東方戰線的軍隊調到法國北部，英法聯軍壓力倍增。美國在參戰後積極調集物資，組織遠征軍，於一九一七年底正式加入作戰行動，雖然初期人數不多，戰鬥經驗不足，但至少適時支援已經匱乏疲累的協約國部隊。到了一九一八年五月，美軍進駐法國的人數已超過一百萬，六月之後更以每天一萬人的速度增加，迅速逆轉同盟國攻勢。協約國開始反攻，到了十一月，師老兵疲的德奧聯軍全線崩潰，協約國取得壓倒性的勝利，經過雙方代表談判後，十一月十一日停戰協定生效。

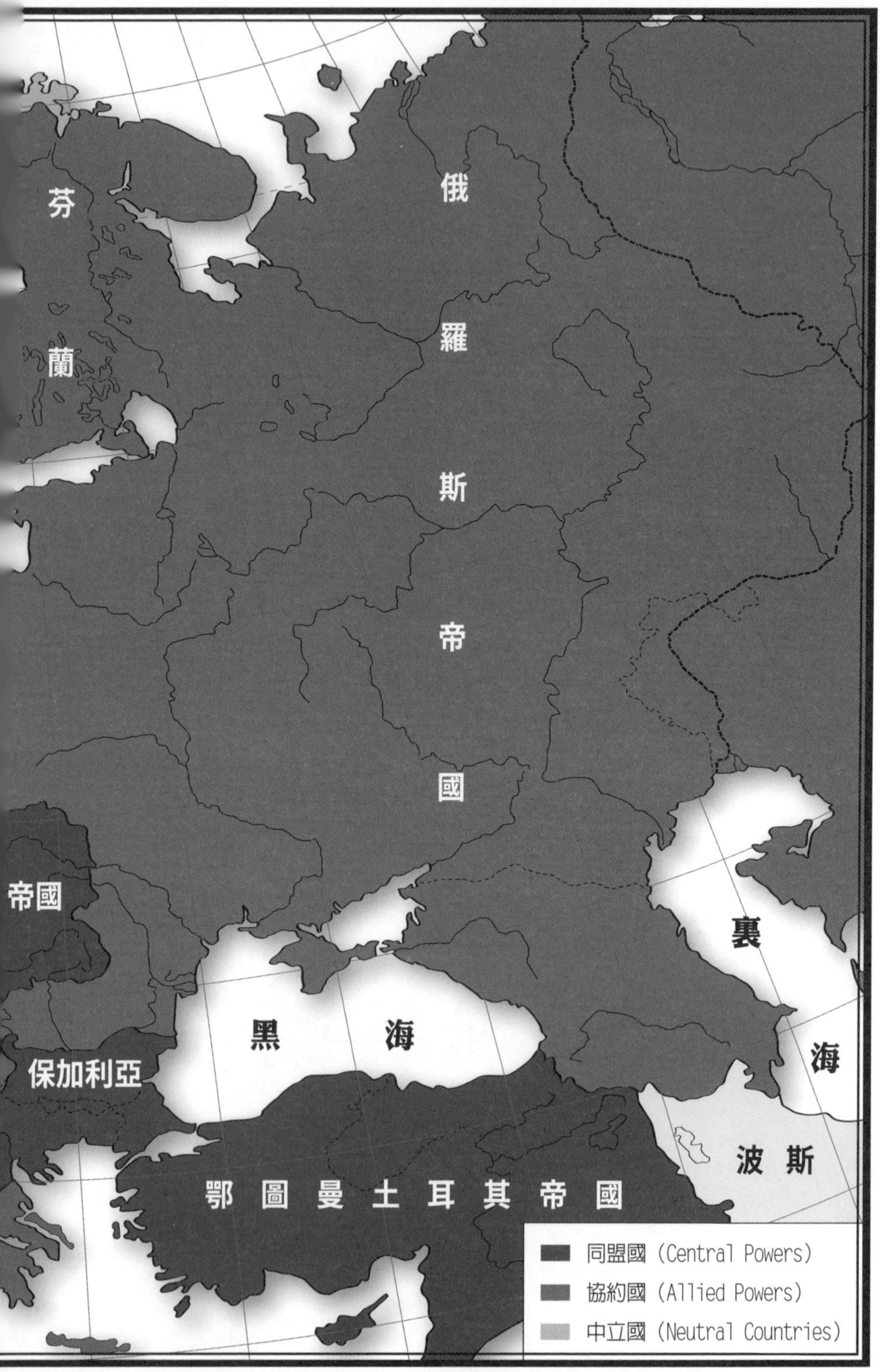
芬
蘭
俄
羅
斯
帝
國
帝國
保加利亞
黑
海
裏
海
波斯
鄂圖曼土耳其帝國
同盟國 (Central Powers)
協約國 (Allied Powers)
中立國 (Neutral Countries)

圖4-4 第一次世界大戰兩大陣營對壘形勢

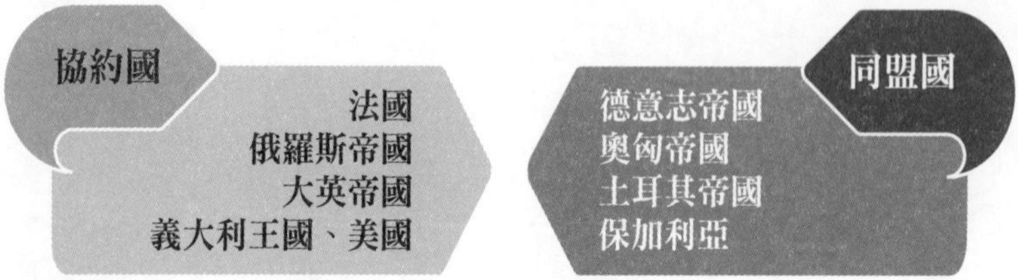

圖4-5 兩大陣營主要國家的對壘（1917）

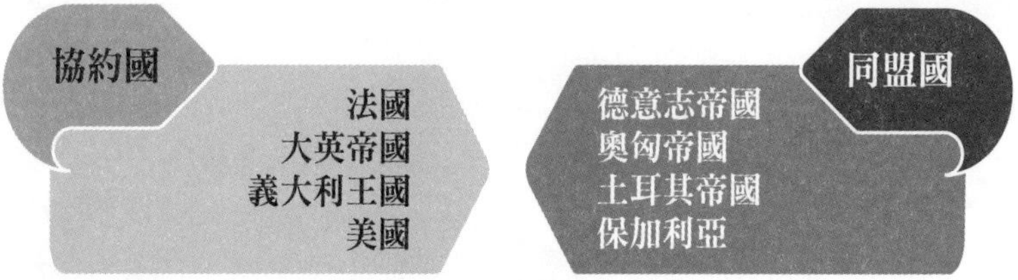

圖4-6 兩大陣營主要國家的對壘（1918）

土耳其參戰後的變局

大家有沒有注意到，從圖4-3到圖4-6「同盟國」陣營中有個國家——鄂圖曼土耳其帝國——還沒有提到？

這是因為鄂圖曼土耳其帝國所在的地理位置很特別，牽連的國際關係相當關鍵，值得我們分開來探討。

反思：請查找資料，促使「保加利亞」加入同盟國的理由是什麼？

從土耳其的角度來看，俄羅斯是威脅最大的宿敵，十九世紀後期，土耳其一直採取「聯英抗俄」的外交政策。但一九〇七年英俄修好及結盟後，土耳其心生警惕。此後德國趁勢而入，提供豐厚資源，極力拉攏土耳其牽制俄國。於是，土耳其在一九一四年十月對協約國宣戰，牽制俄羅斯，有助於減緩德奧聯軍在東方戰線所承受的壓力。

為了突破土耳其牽制俄羅斯所造成的困局，並打通黑海補給線，在英國的規劃下，協約國先後動員五十萬名士兵登陸加里波利半島，希望直搗土耳其的首都伊斯坦堡，於是爆發「加里波利戰役」（Battle of Gallipoli, 1915-1916），又稱為「達達尼爾戰役」（Dardanelles Campaign）。雙方交戰十一個月之後，協約國軍隊無法攻破防線，兵敗撤退。

雖然在加里波利戰役失利，協約國制衡土耳其的戰略沒變。以英國為首的軍事行動持續在伊朗高原、美索不達米亞、巴勒斯坦等地進行。更值得注意的是，這些地區都屬於所謂的「中東」（Middle East），十五世紀以來一直為土耳其帝國管轄，但主要人口是阿拉伯人。到了十九世紀時，土耳其帝國的治理已無法獲得在地人民的支持，並激起阿拉伯民族主義的發展。土耳其參戰後，為了鞏固統治，積極抓捕、囚禁阿拉伯民族主義者，這便為英國創造了機會，聯合阿拉伯人共同對抗土耳其。「一戰」的歷史契機，帶來了英國的支持，開啟「阿拉伯起義」（Arab Revolt, 1916-1919）的行動。

英國為支援「阿拉伯起義」，提供人力、物力、財力，其中有位軍官湯瑪斯·愛德華·勞倫斯（Thomas Edward Lawrence, 1888-1935），眾所周知的名稱是「阿拉伯的勞倫斯」（Lawrence of Arabia）就是一個代表，他在一九一六至一九一八年期間擔任英國聯絡官，協助阿拉伯人組織游擊戰，配合英國從埃及派遣的東征軍隊，最終攻克大馬士革。

隨著土耳其在一戰中戰敗，喪失統治中東的權力，阿拉伯起義於一九一九年初算是大功告成，但西方列強的戰時承諾並未完全兌現。事實上，早在一九一六年五月，協約國已有祕密協定，劃定中東地區勢力範圍，在戰後由英、法兩國瓜分。因此，阿拉伯人無法建立統一國家，各地政治領袖在英、法勢力介入下建立多個政權，例如敘利亞、伊拉克、沙烏地阿拉伯等，但地位上都屬於英國或法國的「保護地」（Protectorate）。

反思：二十世紀初，部分的阿拉伯民族主義者曾希望在擺脫土耳其之後，能建立統一的國家。不過，英、法等國顯然認為分裂的阿拉伯世界，比較符合強權自身的利益，而部分阿拉伯菁英也願意參與合作。二〇〇四年之後，一個致力於統一阿拉伯，乃至統一整個穆斯林世界的聖戰組織開始壯大，這就是在二〇一四年成立的「伊斯蘭國」（The Islamic State, IS）。他們的恐怖攻擊或軍事行動對象，不限於歐美國家，也同時涵蓋阿拉伯國家。請問，伊斯蘭國攻擊同為穆斯林的阿拉伯國家，理由是什麼？

此外，一九一七年十一月二日，英國外務大臣貝爾福（Arthur James Balfour, 1848-1930）以信函形式，拜託英國富商與猶太復國主義領袖人物——第二代羅斯柴爾德男爵萊昂內爾．沃爾特（Lionel Walter Rothschild, 2nd Baron Rothschild, 1868-1937），向「大不列顛及愛爾蘭猶太復國主義聯合會」傳達英國內閣決議，這就是著名的《貝爾福宣言》（*Balfour Declaration*），確定英國將支持猶太人在巴勒斯坦建立「民族之家」（national home）。《貝爾福宣言》並非祕密協定，全文於一九一七年十一月九日就在報刊上發布。

《貝爾福宣言》出現的時機，值得推敲。當時俄國國內情勢惡化，協約國東方戰線幾近崩潰，而半年前宣布參戰的美國仍無法派出足夠的增援部隊。因此，英國內閣才期望藉由《貝爾福宣言》取得國際猶太社群的支持，尤其是協助施壓美國及俄國，強化協約國的作戰。具體而言，《貝爾福宣言》反映出英國在一戰期間的多重利益考量，包括：促使世界各地的猶太人金援協約國，影響俄國「布爾什維克派」中人數眾多的猶太人堅持俄國不與德國議和，以及離間同盟國版圖內的猶太社群不再支持同盟國等。

《貝爾福宣言》雖是非官方信函的形式，但影響力不容小覷。大戰結束後，此宣言內容被整併到土耳其與協約國議和的《色佛爾條約》（*Treaty of Sèvres*, 1920）中。一般認為《貝爾福宣言》與日後以色列的建國具有緊密連結，甚至視為導致以巴衝突（以阿衝突）的癥結之一。

以「蘇俄」之名的擴張

一九一八年，蘇俄退出戰場，然後呢？

蘇俄為求與同盟國議和，一九一八年三月簽訂《布列斯特條約》（*Treaty of Brest-Litovsk*），承認芬蘭、烏克蘭、白俄羅斯三國獨立，另將俄屬波蘭、波羅的海三小國等

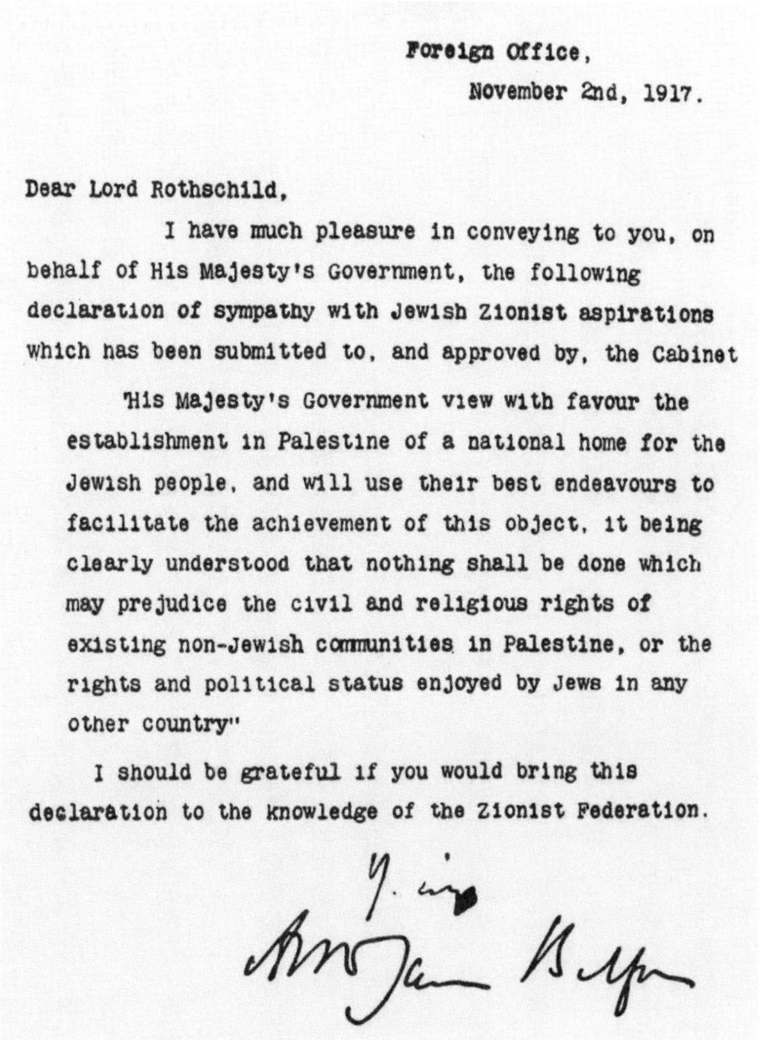

Foreign Office,
November 2nd, 1917.

Dear Lord Rothschild,

I have much pleasure in conveying to you, on behalf of His Majesty's Government, the following declaration of sympathy with Jewish Zionist aspirations which has been submitted to, and approved by, the Cabinet

"His Majesty's Government view with favour the establishment in Palestine of a national home for the Jewish people, and will use their best endeavours to facilitate the achievement of this object, it being clearly understood that nothing shall be done which may prejudice the civil and religious rights of existing non-Jewish communities in Palestine, or the rights and political status enjoyed by Jews in any other country"

I should be grateful if you would bring this declaration to the knowledge of the Zionist Federation.

圖4-7 《貝爾福宣言》

地割讓給同盟國，並歸還一八七七至七八年間侵占土耳其的領土。俄羅斯勢力退出東歐及北歐這些地區後，德國及奧國大可加以控制，但此後同盟國戰況不利，十一月投降，芬蘭等國順利獲得獨立的機會。

然而就在此時，蘇俄決定出兵干涉各地的獨立，同時輸出社會主義革命。就蘇俄而言，這並非國際戰爭，而是針對內部的反革命鎮壓，手段相當殘忍。到了一九二二年，蘇俄整合了俄羅斯、白俄羅斯、烏克蘭及外高加索等地區，建立「蘇維埃社會主義共和國聯邦」。此後更積極向歐洲、亞洲等地輸出社會主義革命，例如中國共產黨，就是在蘇俄的策劃下於一九二一年在上海成立，二〇二一年已熱烈慶祝建黨一百週年。

反思：蘇俄向外輸出革命，並不局限於歐洲。據說列寧曾指出：「從莫斯科到巴黎最近的路，是由北平經過加爾各答的。」北平即是北京，加爾各答是印度第三大都會區，英屬印度時期（1858-1947）首府。這句話當然不是從地理角度發言，呈現的是針對歐亞大陸的戰略考量。請問，蘇俄為何不直接到巴黎發動革命，反而要經過中國、印度，迂迴前進？

另一方面，重新復國的波蘭為了國防安全與領土擴張，一九一九年入侵烏克蘭，遭到蘇俄反擊，雙方激烈交戰至一九二〇年，波蘭獲勝，簽訂《里加和約》（*Treaty of Riga*, 1921），波蘭取得西烏克蘭、西白俄羅斯，以及立陶宛一部分領土。這次敗戰後，蘇俄暫時停止對外軍事行動，直到一九三九年之前，東歐及北歐各國大致維持獨立的狀態。

不過，相較於軍事擴張，蘇俄的革命輸出具有更強大的滲透力與破壞力，這包括宣傳無產階級革命思想、組織工農群眾、扶植共產黨，甚至建立非正式武裝團體、發展蘇維埃政權等。而各國為了防範社會主義革命所激化的階級衝突或暴力攻擊，使得「反布爾什維克」的行動大幅強化對於內部的監控，在「非我族類，其心必異」的認知下，普遍出現針對少數族群、外國人的猜疑與非法逮捕。

值得注意的是波蘭的反猶太人行動，因為執掌蘇俄的「布爾什維克」黨政軍組織確實有不少猶太裔成員，而效忠原來俄羅斯帝國的勢力在反布爾什維克的同時，也不斷醜化猶太人。此外，因為猶太復國主義的推動，不少猶太人積極響應，心向巴勒斯坦，對於新生的波蘭共和國認同感不足，這也是導致波蘭針對猶太人實施種族迫害、暴力屠殺的原因。類似的反猶情況，也出現中歐、東歐國家，例如捷克斯洛伐克便將「布爾什維克／猶太」視為建立民族共和國的障礙，而奧地利則視「布爾什維克／猶太」是造成戰後社會混亂的元凶。

就此而論，納粹德國在二戰期間殘殺數百萬猶太人的惡行，早在一九二〇、三〇年代的中東歐地區出現前兆。而一九二〇年代以來，恐懼、憎惡社會主義革命的心態，則成為各國匯聚右翼團體、敵視外國人分子、民族主義者的動力，進而衍生許多針對共產黨人的暴力攻擊，乃至形成準軍事組織、發展「法西斯主義」（fascism）。

在今日重新理解「一戰」

一戰，真的結束了嗎？

如果我們望文生義，以為「戰爭結束」，從此就能安安靜靜過著和平、幸福的日子，這就大錯特錯了。

一戰中各國對敵人刻板化的仇恨宣傳，加上現代科技與戰爭機器強大的威力，激發戰場上毫無憐憫的屠殺，而總體戰（total war）的推進，致力於完全摧毀敵國工業及基礎建設，務求消滅一切資源的行動，更造成平民死傷慘重，物資及財產損失難以計算，這些創痛很難以戰後的一紙和約消除。

一戰瓦解了德意志帝國、奧匈帝國、土耳其帝國、俄羅斯等四個帝國，在統合多元族裔的帝國體系消失之後，填補進來的是奉行民族自決，但欠缺國家治理與國際協商折衝能力的新生國家。這是一個筋疲力竭，卻更為激昂對立、分裂的歐洲。

戰後歐洲各國人民，無論戰勝國或戰敗國，幾乎都存在著對於統治菁英的不信任、對於不同族裔的猜疑、對於貧窮匱乏的痛恨，因此社會上同時瀰漫著虛無主義、民族主義、社會主義。不過，多數國家統治菁英或中產階級群眾並不歡迎蘇俄式的社會主義革命，隨著政經情勢的不樂觀而逐步向民族主義靠攏，甚至與極右派民粹匯流，自一九二〇年代末開始，法西斯主義與保守專制統治幾乎成為歐洲各國的基調。

另一方面，在一戰中淪為主戰場的法國蒙受重創。急於復仇的法國主張嚴懲德國，因此應法國要求，《凡爾賽條約》（或譯凡爾賽和約）加入極其嚴厲的經濟與軍事制裁，巨額賠款迫使德國出現嚴重的通貨膨脹、人民生活極端貧困，同時還失去十三%的國土和十二%的人口，並遭解除武裝，陸軍僅能維持在十萬人以下。然而德國本土未受到戰火破壞，工業體系依然完整，人民的貧困與激憤經過民族主義的鼓吹，很快就轉化為同仇敵愾的動員。德國右翼分子進而設計「背後捅刀」（Dolchstoßlegende）的政治宣傳，主張德國之所以被迫接受《凡爾賽條約》的嚴苛條件，其實是共和國領導階層和左派分子這些「十一月戰犯」出賣了國家，這便為希特勒與納粹黨的崛起扎下厚實根基。

《凡爾賽條約》僅著重戰勝國的利益分配，無視戰敗國的處境。新的戰後秩序基本上是建立在美國的高調空談與英法的精心算計上。美國於戰後選擇退回大西洋另一岸，重新奉行孤立主義，歐洲新生國家大多無法有效重振經濟與穩定政治秩序，英法難以在滿目瘡痍的歐洲進行整合，甚至一再誤判納粹德國的野心，而新成立的國際聯盟也沒能維持國際秩序的穩定。

當我們回顧一九二〇至三〇年代的歐洲，應該可以理解一戰的停火並未帶來和平與幸福。戰爭的創傷及戰後的不安更逐漸蓄積極端的能量，而嚴苛的《凡爾賽條約》則為規模更大的二戰埋下導火線。這樣的急遽惡化，其實只花了二十年。

除了歐洲之外，還有另一個地區與一戰息息相關，那就是「中東」，更確切地說是「巴勒斯坦」。

一戰期間，協約國為了對付土耳其，同時拉攏了阿拉伯人及猶太人，但提供給雙方的承諾在戰後都未完全兌現，而且兩個承諾間還互有衝突。最關鍵的是英、法兩國共同瓜分中東的勢力範圍，以自身考量恣意操弄阿拉伯各部落酋長或權勢家族，而國際聯盟於一九二〇年設立「巴勒斯坦託管地」，委由英國管理，猶太居民開始增加，也為日後中東地區的紛擾、衝突，埋下導火線。

一九二〇年代，巴勒斯坦地區的猶太人占當地總人口約十一％，但已具有不小的經濟實力，雇用許多阿拉伯勞工。在英國人支持下，猶太復國主義的影響日益鮮明，猶太人響應「回歸」（Aliyah）的召喚，從世界各地遷徙到巴勒斯坦，一九三一年時，猶太居民人口已上升至十七％，一九三三年納粹在德國掌權，反猶情勢日益明顯，猶太人回歸熱潮更盛。猶太人和阿拉伯人的衝突也因此爆發，雙方相互暴力攻擊。英國雖設法在雙方間尋求妥協，反而讓雙方對於英國人都不諒解。例如，英國在一九三九年頒布白皮書，規定一九三九年後的五年內，猶太人可再移民七萬五千人，此後就不接受猶太移民。這份白皮書被猶太人視為「背叛」，認為違背《貝爾福宣言》承諾；至於阿拉伯人也不滿意，他們要求必須完全禁絕猶太人移民。

隨著歐洲情勢惡化，各地的反猶行動益趨激烈，進一步推動猶太人「回歸」，一九四〇年猶太居民已接近巴勒斯坦地區總人口三十％，且人數仍在攀升。第二次世界大戰結束後，英國交還巴勒斯坦託管地給聯合國（United Nations）前，巴勒斯坦地區已有六十萬猶太居民，約占當地人口的三分之一。

猶太人堅信「回歸運動」是在回應神的召喚，當猶太居民已非絕對少數，其菁英所掌握的政經資源與國際影響力又足夠強大時，一戰期間運籌帷幄產生的《貝爾福宣言》，日後注定將讓千里之外的巴勒斯坦陷入連年烽火中。

反思：《貝爾福宣言》全文除去抬頭和落款，只有三句話，英文原文共一百二十五個單字，內容簡略，關於「民族之家」的用詞曖昧不明，而且還只是信函形式而已，但它對中東局勢的影響卻十分深遠。請問，《貝爾福宣言》並非正式的國際條約，為何有這麼大的影響力？

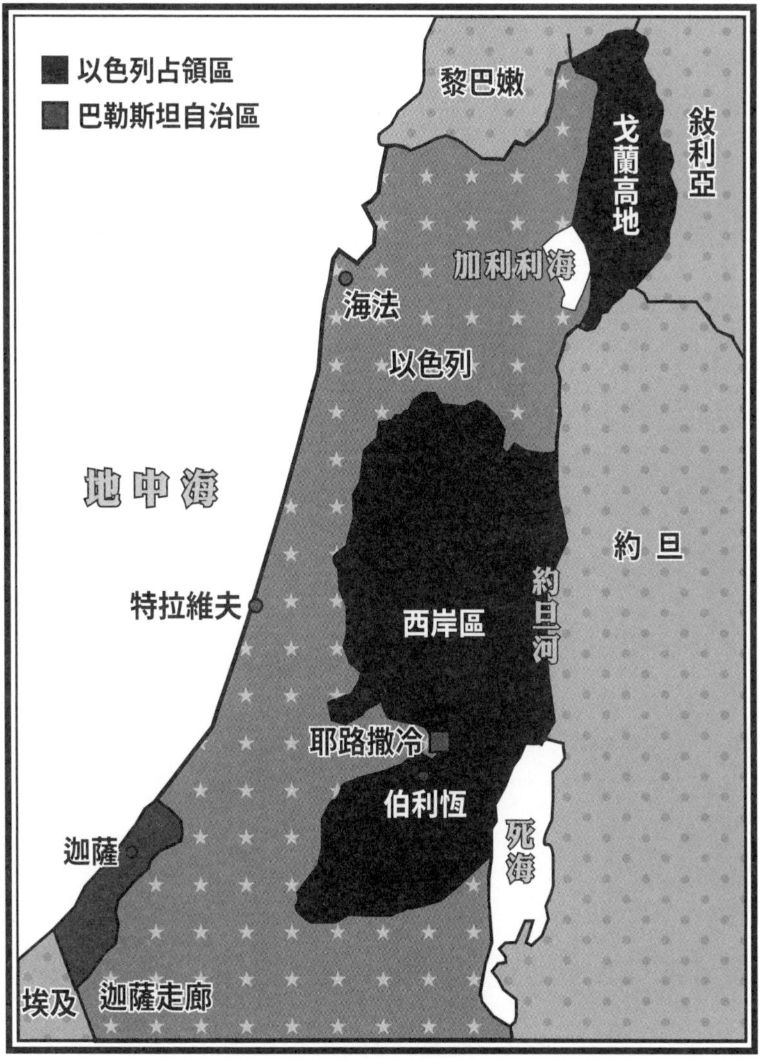

圖4-8 巴勒斯坦地區形勢

歷史課本這樣說

目前的歷史課程是依據「108課綱」編訂，與以前的數個課綱比較起來，這個課綱強調尊重學生的「自主學習」，因此增加了選修課、自主學習時間，以及探究與實作的設計，於是先前的「部定必修」時數大為減少，連帶地原來的課程內容也必須限縮。

不過，若以「第一次世界大戰」為例，先前版本與「108課綱」新版的立論倒是差異不大。差異不大，並不意味著沒有問題，而是問題或者窠臼依然存在，簡單地說，就是一直採取「歐洲中心觀」，從內容的呈現上，實在看不出是「世界大戰」，而只是「歐戰」而已，好像就是歐洲自家人關起門來打，頂多把遠親——美國，拉進戰場來。

之所以造成如此的窠臼，原因在於課綱傾向於將臺灣史、中國史、世界史分開來，既然「第一次世界大戰」單元是放在世界史（第三冊）學習，自然而然就不會連結中國史或臺灣史的內容。當然，這樣地為課綱的設計來解說，還是不能解決「歐洲中心觀」的侷限，因為土耳其、印度、越南、中東地區應該歸屬於「沒有臺灣史、中國史」的世界史範圍，這些地區及其人民可都捲入了「一戰」當中，而且犧牲慘重。

反思：將臺灣史、中國史、世界史分開學習，內容幾乎沒有重疊或對應，猶如平行時空。這樣子學習歷史，可能會出現什麼問題？有什麼例子可以用來說明呢？

臺灣與「一戰」的關係比較疏遠，可以不談，但中國與「一戰」的關係可就密切多了。在以往的課綱及教科書中，大抵都會處理中國加入協約國、涉及德國在山東權益的歸屬爭議、巴黎和會及五四運動等課題，但在「108課綱」中，這些探討大多割捨了，因為歷史關注的焦點已經大幅度從「國家」擺盪到「人民」身上。這樣的調整自有其道理，但從過往的極端擺盪至另一極端，是否問題就沒了呢？

當「國家」或大的政治社會結構成為模糊、片面的背景時，如何襯托人民在歷史情境中艱困、真切的選擇與行動？

從整體來看，目前的歷史課綱及教科書似乎在有意無意間將這場「世界大戰」窄化為只是「歐戰」而已。這樣的結果好不好呢？大家可以先閱讀完第四章，再來思辨一番。

一九一四，才是十九世紀的結束？

十九世紀最後一年是哪一年？從曆法來看，答案應該是一九〇〇年，但如果你是一位緬懷歐洲黃金年代的「鐵粉」，答案很可能會變為一九一四年。因為那一年夏天之後，歐洲陷入瘋狂、野蠻的狀態，昔日優雅、璀璨的時光再不復返。

十九世紀後期至二十世紀初期，有句法語「La Belle Époque（美好年代）」在歐洲的知識分子、菁英圈子裡廣為詠嘆。傳承先前大約三個世紀從世界各地巧取豪奪，但也推陳出新、別開生面的非凡成就，尤其在資本主義和工業革命的加持下，自一八七〇年普法戰爭後，強權之間暫時止戈，於是從十九世紀後期起，將近四十年間，歐洲一片歌舞昇平、富麗堂皇，無論器物製造、科技研發、自然科學或人文思想的創新、文學或藝術表現的精緻與奔放，每一個文明領域似乎都達於巔峰，充滿樂觀與活力。那一長串閃亮的姓名：普魯斯特、卡夫卡、喬伊斯、莫泊桑、左拉、康拉德、托馬斯、葉慈、布拉姆斯、德布西、史特拉汶斯基、莫內、梵谷、尼采、羅素、胡塞爾、佛洛伊德、榮格、愛因斯坦、普朗克、波耳、特斯拉……，真可說是「族繁不及備載」！

放眼世界，除了北美差可比擬之外，還有哪個地方能與歐洲並駕齊驅呢？但突然間，瀰漫不安的喧囂襲來，歐洲大地瞬間陷入末日的恐懼，繁華落盡，了無蹤跡。

大戰之後，德國歷史哲學家史賓格勒（Oswald Arnold Gottfried Spengler, 1880-1936）在一九一八、一九二二年先後出版《西方的沒落》（*Der Untergang des Abendlandes*）兩卷，直言西方文明已過巔峰，並正式走向衰亡。

歐戰成了一戰

當年參戰的士兵或一般民眾，是否知道「第一次世界大戰」這個名稱呢？

顯然，他們不可能如此稱呼這場戰爭。當時人們的稱呼通常是「歐洲戰爭」

（European War）、「大戰」（Great War），或者「世界戰爭」（World War）。如此說來，「第一次世界大戰」之名是怎麼出現的？猜到了嗎？這是因為爆發於一九三九年至一九四五年的大戰而得名，於是前者成了「第一次」，後者是「第二次」。

如果我們進一步設身處地來想，當時無論戰勝國或戰敗國，士兵們或許會認為戰爭結束了，他們不可能知道這只是「第一次」，二十年後，不到一個世代的時間，孩子們將捲入更為狂暴的第二次世界大戰。二十年時間不算久，如果一戰真的結束了，到底是什麼原因或仇恨，導致了傷亡更加慘重的二戰呢？

事實上，當年協約國聯軍總司令、法國元帥福煦相當不滿意《凡爾賽條約》沒能徹底瓦解德國發動戰爭的一切潛力，因此他認定條約的簽訂並不意味著和平已經到來，法國或整個協約國後續應該設法完成瓦解德國的任務，一勞永逸。福煦對於德國的警戒及仇恨並非特例，也不是單方面的，德國許多軍民懷抱著一樣強烈的憤怒與敵視。如果我們放大歷史視野來看，德國與法國的「世仇」關係由來已久，這不僅是爆發一戰的導火線，而且也是二戰的肇因。

另一方面，當年稱呼為「世界戰爭」，但非常有可能每一個人對於「世界」的界定是不同的，或許不少人是直接將歐洲視為整個世界的中心，以此稱為「世界戰爭」。

但如果我們注意到這場戰爭還有「中東」和北非戰場，特別是也有亞洲國家的參與，觀點應該就有不同。例如日本基於「英日同盟」的協定，派出海軍艦隊協助協約國巡弋地中海；中國加入協約國，派出十幾萬名華工抵達法國協助繁重的後勤工作。而越南當時是法國殖民地，在殖民母國動員下，有十幾萬越南人抵達法國參與後勤支援，或是戰鬥任務。印度隸屬英國殖民地，甚至出動上百萬士兵加入協約國戰鬥序列，部署在歐洲、地中海、中東各地作戰。

此外，自一八九八年之後，中國山東省淪為德國的勢力範圍，因此日本以「英日同盟」為理由，一九一四年八月對德國宣戰後，立即出兵佔領山東，完全不理會中國的抗議。由於中國後來也加入協約國對德國宣戰，「山東問題」遂成為中、日兩國在巴黎和會上爭議、談判的焦點。不過，英、法、美三強最終決議將德國在山東的一切權益讓渡給日本，消息傳回中國，民眾群情激憤，這就是一九一九年「五四運動」爆發的重要背景。

因此，發生在一九一四至一九一八年的大戰，確實不能僅視為「歐戰」；從比較全面的歷史觀點來看，稱為「第一次世界大戰」是妥當的。不過，從「歐戰」變成「第一次世界大戰」，這真是不幸的發展！

反思：在歷史思考中，「命名」是一門學問。怎麼命名，就意味著將會怎麼解釋、評價一個歷史事件或人物。現在就來思考一下，「近東」、「中東」、「遠東」是誰命名的？我們身在臺灣，應該使用「遠東」來定位自己嗎？

百年後的歷史場景

一、《貝爾福宣言》一百週年

二戰結束後，英、法兩國逐步退出中東地區，英國也決意結束巴勒斯坦的託管，約旦河東岸地區因爭議較小，於一九四六年先成為獨立國家——約旦王國，聯合國最終於一九四七年通過「聯合國大會第181號決議」，將巴勒斯坦地區分割為猶太國與阿拉伯國，猶太人接受該方案，並於一九四八年五月十四日英國結束在巴勒斯坦地區的委任統治後，依照181號決議，宣布以色列建國。周邊阿拉伯國家拒絕接受，埃及、伊拉克、黎巴嫩、敘利亞、約旦等國聯盟軍隊進入巴勒斯坦，對以色列宣戰，「第一次以阿戰爭」

（1947-1949）爆發。

這場戰爭導致數十萬巴勒斯坦人逃離家園，他們稱之為「大災難」（Al Nakba）。在交戰雙方停火後，除了約旦佔領約旦河西岸土地，埃及控制迦薩走廊之外，巴勒斯坦地區大部分土地落入以色列手中。

不過，第一次以阿戰爭從來沒有達成和平協議，仇視日深，隨後數十年間又爆發更多的暴力衝突及戰爭。

基本上，猶太人復國團體一直將《貝爾福宣言》視為國際社會支持復國行動的首要承諾，並宣稱「英國同意猶太人重返巴勒斯坦建國」。以色列於一九四九年取得第一次以阿戰爭的勝利後，在巴勒斯坦地區站穩腳步，且依據所謂「民族之家」，日後持續擴大在此地區的移民與屯墾。

建國後的以色列高度推崇貝爾福外相，位於首都耶路撒冷的總理官邸甚至就在「貝爾福大街」上。至於《貝爾福宣言》，今日的人怎麼看待呢？二〇一七年十一月二日，《貝爾福宣言》一百週年，一場大戲在倫敦上演，值得關注。

《貝爾福宣言》一百週年當天，以色列總理納坦雅胡（Benjamin Netanyahu）在重裝警力的戒護下訪問英國，先與英國首相梅伊（Theresa May）發表共同談話，梅伊強調英國對於以色列的鼎力支持，納坦雅胡則肯定《貝爾福宣言》對於以色列的貢獻。當晚，在起草此一爭議宣言的後人——第五代貝爾福伯爵，以及第四代羅斯柴爾德男爵邀請下，納坦雅胡與梅伊、英國外相強森（Boris Johnson）等人共進晚餐，歡慶英國「百年力挺以色列建國的誠摯情誼」。

然而，從巴勒斯坦人的角度來看，《貝爾福宣言》其實是英國帝國主義最為明目張膽的「詐欺行為」。因為一九一七年當時的巴勒斯坦仍是土耳其帝國的領地，英國雖然佔領，實際上並沒有資格允諾猶太人建立「民族之家」。所謂「一國正式對第二國許願第三國的土地」，正是最犀利的批判。況且在《貝爾福宣言》中，貝爾福外相隻字未提巴勒斯坦人、阿拉伯人、穆斯林，僅以「存在於巴勒斯坦的非猶太社群」這種排他性的名詞代稱，完全侵害了原生民族世居巴勒斯坦的既有權利，或是西方國家自己大力推崇的「民族自決」原則。

在《貝爾福宣言》一百週年的時刻，納坦雅胡大張旗鼓訪問英國，但同時間，約旦河西岸、迦薩走廊的巴勒斯坦人則發起「反貝爾福抗爭」，倫敦街頭也出現不少巴勒斯坦的聲援者，其中還包括部分猶太裔社群，他們面對重裝警力，攜手示威，並高聲要求英國政府「為貝爾福造下的罪孽誠心道歉」。

思辨二〇一七年十一月二日在倫敦上演的場景，雖然具有追溯「一戰」的深刻歷史意義，不過，卻永遠比不上在巴勒斯坦地區的真實苦難或殘酷傷亡。自從第一次以阿戰爭之後，數十年間以色列與阿拉伯國家又爆發多次戰爭，雙方的矛盾不斷激化。直至今日，以色列仍然在迦薩地區進行狂暴攻擊，趕盡殺絕，巴勒斯坦平民傷亡無數，而國際社會幾乎束手無策！

在這一片低迷氛圍中，二〇二四年五月二十二日，挪威、西班牙與愛爾蘭宣布，承認巴勒斯坦成為一個「國家」的權利。

挪威本來就是支持以色列與巴勒斯坦一邊一國的「兩國方案」（the two-state solution）和平推手，一九九三年曾促成雙方握手言和，簽訂《奧斯陸協議》。迄今，依然不改初衷。

西班牙一直與阿拉伯國家維持友好關係，八世紀至十五世紀由穆斯林政權長期統治的背景，使得西班牙向來是伊斯蘭教、阿拉伯與北非文化薈萃之地。另一方面，一九三〇至一九四〇年代西班牙與納粹德國同盟，這層關聯導致一九四八年建國的以色列極為排斥西班牙，造成兩國長期疏遠，直到一九八六年才建立正式外交關係。當年《奧斯陸協議》談判時，西班牙其實也是積極促成以巴雙方破冰的要角。

愛爾蘭則是因為歷史上經歷過帝國主義與殖民主義的深重傷害，因此多數人民在情感上對於巴勒斯坦報以同情與支持。而且，一九一七年擬定《貝爾福宣言》的貝爾福伯爵，即是在一八八〇年代擔任愛爾蘭布政司而平步青雲，他以強硬手段鎮壓尋求自治的愛爾蘭人，因此被稱為「血腥貝爾福」（Bloody Balfour）。貝爾福後來出任首相、外務大臣，一手主導英國在中東的霸業，也埋下日後以巴衝突的導火線。這一層歷史淵源，多數愛爾蘭人記憶猶新。

衡諸國際，自從一九八八年巴勒斯坦宣布獨立建國後，除了美國、加拿大、西歐諸國以外，多數國家都已承認。根據《半島電視台》統計，至少已有一百四十三國正式承認巴勒斯坦，超過聯合國會員國總數的七十％。而聯合國也在二〇一二年將巴勒斯坦升格為「非會員觀察國」。挪威、西班牙與愛爾蘭三個歐洲國家加入承認巴勒斯坦行列，雖無助於終止戰爭，但具有重大的象徵意義。

反思：將數十年來以巴衝突（以阿衝突）歸咎於《貝爾福宣言》，合理嗎？

二、一戰「結束」一百週年

二〇一八年十一月十一日，一戰「結束」一百週年。法國是「一戰」的主戰場，戰火摧殘最為慘重，至少一百四十萬軍民犧牲，因此「終戰百年紀念大典」自然要在巴黎舉行。

十一日上午十一時（臺灣時間下午六時），法國總統馬克宏（Emmanuel Macron）與百年前敵國德國的總理梅克爾（Angela Merkel）、歐盟執委會主席容克（Jean-Claude Juncker），以及近七十位各國領導人步行來到凱旋門（Arc de Triomphe）下方的「無名英雄墓」（Tombe du Soldat inconnu），為歷史做見證。這一場象徵攜手為和平行進的盛典，真是令人感動。

在這場盛典中，特別安排華裔大提琴家馬友友演奏德國音樂家巴哈（Johann Sebastian Bach, 1685-1750）《C小調第5號無伴奏大提琴組曲》（Suiten für Violoncello solo Nr. V）的〈薩拉邦德舞曲〉（Sarabande）。此外，又安排十多位來自世界各國的中學生，每個人分別唸出一段「一戰」官兵在一九一八年十一月十一日那天寫下的家書，為百年前的英靈發聲。

主持典禮的馬克宏發表演說，緬懷百年前的世紀悲劇，警告世人和平的脆弱，他特別強調：「這場大戰的影響永遠不會消失……舊日的惡魔（民族主義）如今已再度崛起。……民族主義完全違背愛國精神，口口聲聲『我們的利益優先，不管別人死活』的人，抹殺了一個國家得以生存、得以偉大的最珍貴特質：它的道德價值。」

在如此莊嚴、肅穆的盛典中，高倡「美國優先」（America First）、以「民族主義者」（nationalist）自居的美國總統川普（Donald Trump）並未與各國領導人同行，而是選擇直接搭專車進場，但車隊卻在半路上遭到烏克蘭女性主義團體「費曼」（Femen）成員試圖攔阻，兩名女子在赤裸的上半身上寫著「虛假的和平締造者」（fake peacemaker），大聲抗議。

反思：川普在二〇一七年總統就職演說中倡導「美國優先」，曾贏得六十五%民眾支持。他在四年任期實施貿易保護，要求美國企業回國投資，增加軍事和國土安全支出，而言行中經常出現種族歧視、性別歧視、仇外和反伊斯蘭主張，因此被視為在鼓吹「民族主義」、「右翼民粹主義」。這樣的批評，可以成立嗎？

另外值得一提的是，在凱旋門「無名英雄墓」紀念活動舉行之前，馬克宏和梅克爾先在巴黎北邊七十公里處的康邊，當年停戰協定的簽署地，檢閱一支由法、德兩國聯合組成的軍隊，並進行共同揭牌儀式，寓意兩國和解，友誼永固。

同時間，歐洲及美國各地也舉辦各種紀念陣亡將士的活動，參與的人們都配戴著罌粟花，以簡單的形式、隆重的心情進行悼念。

罌粟花在西方世界早已被視為「國殤花」，多年來出現在許多向陣亡將士致意的場合，其淵源正來自於「一戰」。當年戰場環境十分惡劣，在鏖戰最激烈的「法蘭德斯」（Flanders，相當於法國北部及比利時一帶）卻看到了滿地盛開的罌粟花。加拿大軍官約翰．麥克雷（John McCrae）為悼念死難的好友，寫下一首蘊意深遠的小詩：

In Flanders fields the poppies blow
Between the crosses, row on row,
That mark our place; and in the sky
The larks, still bravely singing, fly
Scarce heard amid the guns below...

這首詩作喚起人們的同情共感，也撫慰了心靈，因為他們一樣在哀悼、緬懷死去的同袍或親友。於是，文字的意念轉化為實體的象徵，原來在法蘭德斯戰場，叢生於標示著死亡的十字架旁隨風綻開的罌粟花，飄散到了各地，轉化成為一種致意和寄託。而生者猶如在天空中振翅高歌的雲雀（具有「樂觀、喜悅」的象徵），儘管槍炮隆隆作響中僅能依稀聽聞，但仍然鳴啼不已。

事實vs.歷史事實

「一戰」於一九一八年十一月十一日結束，這是一個事實。但是這場戰爭被稱為「第一次世界大戰」，嚴謹地說，這是「歷史事實」。所謂「歷史事實」，是在一堆紛雜的事實中發現某種關聯性，然後依據這樣的關聯性，將那一堆事實加以篩選、編排、統整後的總結，但也可能還會是進一步用來展開某種釐清或解釋工作的起點。

至於說「一戰沒有結束」，這當然不是為了唱反調，或翻案，而是嘗試提供另一種不同的歷史事實，用來對照、解釋今日處境的形成「應該可以回溯至一戰」的觀點

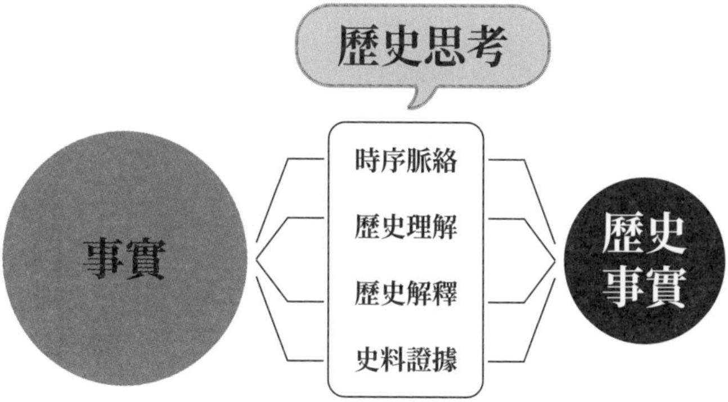

圖4-9 從「事實」到「歷史事實」須經過篩選、分析、組織及論證的過程

或論述。換句話說，之所以會主張「一戰沒有結束」，是因為關切目前的一些現象或問題，在經過追本溯源後，發現了這些現象或問題與「一戰」息息相關，甚至可視「一戰」為「始作俑者」，因此才會強調「一戰，其實沒有結束」。

發現了嗎？要將事實變成歷史事實，需要把相關事實重新篩選、分析，再組織起來，然後還得運用這些事實相關的資料作為佐證，依照時空脈絡加以理解、鋪陳和論述，設法提供具有邏輯性、說服力的解釋觀點。以上這樣的思辨或論證過程，正是「歷史思考」的表現。

接著，我們來想一想，到底是什麼現象或問題，引發「一戰沒有結束」的想法呢？

原因在於大約從二〇一〇年代以來，原本盛行的全球化、自由貿易、國際分工、多國協商而相互依存的模式開始逆轉，許多國家檢視全球化所造成的不平等問題，正在拉大國與國之間的差距，同時也在惡化國內的貧富差距，即使是大國，也為了鞏固自身權益及優勢，不願意繼續承擔國際義務。因此，愈來愈多國家在政治、經濟、科技，乃至邊界上，築起無形、有形的高牆。由民族主義、極右派勢力帶起的逆全球化、本土化行動，推升了民粹主義，正在重新塑造我們的世界。

而隨著近十年來美國和中國之間貿易戰、科技戰開打，以及逐漸升溫的軍事對立，情勢更為緊張。美國和中國是目前世界上最大的兩個經濟體，兩國的矛盾及衝突，當然就會鬆動先前熱絡的全球化網絡，甚至已經出現崩解，而朝向兩極化發展。多數國家未來想要保持中立的可能性，將愈來愈艱難。

不幸的是，烏克蘭在蘇俄解體後，開始實施去俄羅斯化，接著放棄原先「中立國」定位，轉向西方，並進一步尋求加入「北大西洋公約組織」，這是冷戰時期西方國家對抗蘇俄的軍事組織，如果烏克蘭加入北約，這便意味著俄羅斯將毫無緩衝餘地，直接面對北約威脅。烏克蘭和俄羅斯的歷史糾葛是遠因，烏克蘭申請加入北約則是導火線，二〇二二年俄烏戰爭全面爆發。與此同時，原來一直保持中立的芬蘭、瑞典加入北約，俄羅斯最關切的「北約東擴」，反而更加發展。

至於烏克蘭加入北約呢？二〇二四年七月，在華盛頓召開的北約峰會上，三十二個成員國領導人發表聯合聲明，一致同意烏克蘭「加入北約」，但前提是烏克蘭與俄羅斯之間的戰爭得先結束。聯合聲明強調，烏克蘭的未來在北約，加入北約的道路「不可逆轉」，並將繼續提供烏克蘭軍事援助。

另一方面，北約也怒批俄羅斯違反國際法的侵略行徑，並指責中國是俄羅斯持續入侵烏克蘭的「關鍵支持者」，呼籲北京當局停止提供軍事物資和政治支持。此外，北約也十分關切俄羅斯與北韓簽署「全面戰略夥伴關係協議」，升級與強化雙方的軍事合作。

至於「北約東擴」的力道，也不再局限於歐洲。自二〇二三年起，北約已經和日本、韓國、澳洲、紐西蘭締結合作夥伴關係，多次進行軍事演習，表明印太地區穩定，符合其安全利益，積極展現東擴企圖。無庸置疑，這是由美國主導的行動，而且劍指中國。

由各種情勢研判，「冷戰」僵局似乎再度出現，甚至已立即瀕臨「熱戰」的紅線。

雪上加霜的是，巴勒斯坦武裝組織哈瑪斯（Hamas）於二〇二三年突襲以色列，屠殺將近三百名平民，並挾持可能有數百名人質，因此引發以色列狂暴地回擊哈瑪斯根據地——迦薩走廊。以色列的報復行動相當激烈，引發人道危機，甚至可能觸犯種族滅絕的罪行。原來傾向支持以色列的歐美社會，開始出現批判聲浪，並演變成抗議行動，但卻造成支持、反對雙方的對立。向來標榜人權、公義的歐美國家政要在這次「迦薩走廊危機」中顯現出「雙標」的態度，無法約束以色列遵守國際規範。

由於世界局勢正朝惡化方向前進，自二〇二〇年以來，各國的國防支出、預算都在增加，二〇二三年起更有加速趨勢，再創新高。在貿易戰、關稅戰之後，加速的軍備競賽似乎已在為「熱戰」暖身。

具體來看，根據「斯德哥爾摩國際和平研究所」的統計，二〇二三年全球國防支出已增加到二．二兆美元，美國一國支出佔全球軍費三十八％；排名第二的是中國，佔全球軍費十四％；其次是印度、英國、俄羅斯。預估二〇二四年全球國防支出，還會再創歷史新高。

值得注意的是俄羅斯，因為正處於二戰以來歐洲最大規模軍事衝突——俄烏戰爭中。有感於軍費支出巨大，俄羅斯總統普丁（Vladimir Putin）在二〇二四年五月新任期一開始，任命一位毫無軍事背景的經濟學家出任國防部長，最關鍵原因是：「由於戰爭，俄羅斯國防及相關支出佔GDP比例已從三％上升至六．七％，並且正朝著七．

四%方向邁進。這一數字，讓人想起二十世紀八〇年代中期蘇俄因龐大軍費而破產的歷史。」

反思：關於軍費支出，出現好多數字。現在我們針對「數字」及其敘述加以評估，並想一想，哪一個敘述比較有感？

①全球軍費年度總支出，創「歷史新高」（請考慮通貨膨脹、匯率變動）。

②美國全球佔比三十八%。

③中國全球佔比約是美國的三分之一強。

④俄羅斯全球佔比三%（二〇二二年起進入戰爭中）。

⑤俄羅斯預估二〇二四年國防支出佔GDP比例正逼近七·四%。

如果回顧「美好年代」的歐洲，嘗試洞察潛藏在樂觀進步、活力奔放表象下的深層問題，便會發覺如同以上的景象。當時的美好年代，雖受惠於資本主義及工業革命所建構的全球化，但骨子裡卻充斥著嚴重的城鄉差距和階級衝突，為了壓制工農大眾的反撲，拒斥社會主義革命的侵襲，同時也為了回應國際激烈的競爭，不少國家借助民族主義動員，蠱惑大眾，打擊異己，設法穩定政經情勢，鞏固菁英既有利益。

「一戰」的故事告訴我們：民族主義具有多大威力，地緣政治如何錯綜複雜，而人類可以怎樣地殘忍。我們之所以需要重新理解「一戰」的原因及戰後情勢發展，關鍵正在於當前危機重重的時局。當然，「回顧」和「比較」只是為了提升我們覺察、思辨的敏銳度和系統性，而不是要生搬硬套。我們能夠稍微樂觀的理由是，人類應該可以記取一戰的慘痛教訓，而且今天的體制，無論社會福利系統、社會安全網絡、國際協商或仲裁制度等，都比二十世紀初強韌許多，這正是我們的優勢，確保不會繼續走向戰爭地獄的可能憑據。

研讀歷史，最能讓我們保持清醒的自覺。英國歷史學家伊恩・克蕭（Ian Kershaw）在《地獄之行》書中曾引用的一句話，應該可以做為結語：

「歷史抗拒結束，正如自然不容真空；我們時代的故事是一個長長的句子，每一個句號都是逗號的胚胎。」

撫今追昔，防微杜漸，莫讓我們的時代變成另一個悲慘的歷史事實，那個衍生自不曾結束的一戰所埋下的惡果。

反思：一戰，到底結束了沒？

主要參考/建議閱讀的書籍：

Clark, C. 著，董瑩、肖瀟譯，《夢遊者：一九一四年歐洲如何邁向戰爭之路》。臺北市：時報，2015。

Gerwarth, R. 著，馮奕達譯，《不曾結束的一戰：帝國滅亡與中東歐國家興起》。臺北市：時報，2018。
Hobsbawm, E. J. E. 著，鄭明萱譯，《極端的年代（上）》。臺北市：麥田，1996。
Illies, F. 著，唐際明、林宏濤譯，《繁華落盡的黃金時代：二十世紀初西方文明盛夏的歷史回憶》。臺北市：商周，2014。
Kershaw, I. 著，林華譯，《地獄之行：二十世紀歐洲百年史（卷一）》。新北市：八旗文化，2023。
Schorske, C. E. 著，黃煜文譯，《世紀末的維也納》。臺北市：麥田，2002。
Tuchman, B. W. 著，顧淑馨譯，《八月砲火》。臺北市：廣場，2024。
岡真理著，戴偉傑、蔡傳宜譯，《被誤解的加薩》。臺北市：麥田，2024。

另外，關於「一戰」的電影很多，不乏名作，以下特別推薦：

1. 綜論或反思：《戰馬》、《西線無戰事》、《戰地春夢》、《他們不再老去》。
2. 個別事件或戰役：《近距交戰》、《終極戰役》、《1917》、《迷路的大軍》。
3. 與中東或蘇俄相關：《阿拉伯的勞倫斯》、《伊斯坦堡救援》、《齊瓦哥醫生》。

第二部

歷史思考的方法

第5章 脈絡化的理解

歷史可以不一樣

這個單元，我們將要以「工業革命」為例，說明除了「時間」的學習之外，另一個與歷史思考息息相關的能力培養，那就是針對「脈絡」的學習，這也直接關聯著「記憶」、「理解」兩種認知活動的品質與效率。

會以工業革命為例，是因為這是一個大家都很熟悉的主題，還可以在日常經驗中了解許多相關的現象或討論，而且這也是今日探討氣候變遷、全球暖化問題時所必須回顧及關注的歷史發展。

科技和機器

棉紡織的製造生產，包含幾個重要流程。首先是棉花的栽種、收成和運輸，接下來是「紡」（把棉花的纖維紡成紗線），再來是「織」，將紗線織成布，之後才會有「裁」、「縫」的程序。十八世紀後期到十九世紀初期發展起來的工業革命，剛開始的階段主要是集中在「紡」和「織」這兩個製程上。

英國本身具有毛紡織的優良傳統，相關業主勢力龐大，十七世紀之後，他們對於「東印度公司」積極從印度進口的手工印染棉布（calico）多所抵制，於是帶給英國本土棉紡織業發展的好機會。英國棉紡織業在十八世紀時已開始發展，由於棉紡織品比毛紡織品便宜許多，因此爭取到一個還不錯的內需市場，但更重要的擴張機會則在海外，主要藉由殖民貿易的型態，包括奴隸制度、原物料掠奪、市場壟斷等環節，而創造出來。

反思：英國棉紡織業可以在十八世紀開始鴻圖大展，歸納起來有哪些條件？「十八世紀」的英國，提供了什麼機會？

值得注意的是，英國毛紡織業的傳統優勢、獲利能力和政商勢力，使得相關業主故步自封，加上銷往拉丁美洲、亞洲、非洲等地的紡織品是以棉布為大宗，因此熱中進行生產改革的動力主要來自於棉紡織業者。「工業革命」與「棉紡織業」息息相關。在工業革命真正開始之前，紡織機器的最大改革始自飛梭（flying shuttle）。我們可以再仔細地回想剛剛提到的製造生產流程：

棉花生產→紡紗→織布→剪裁→縫製

飛梭即是織布機的改進，織布機因配備了飛梭，織布的效益增加了，結果因織布的速度很快，造成紗線供應不及的問題。這時候就要獎勵發明，看誰能夠讓紡紗的速度有所突破。從一七三三年發明飛梭，到後來紡紗機出現關鍵性的改變，中間經過大概三十多年。一七六七年左右，珍妮紡紗機的發明讓紗線供應的問題開始舒緩。一七六九年，瓦特改良蒸汽機成功，在歷經大約六年的改進，並取得大筆資金的挹注，瓦特的蒸汽機自一七七六年起上市銷售。

棉紡織業者還是比毛紡織業者更精準地掌握了蒸汽機所帶起的這一波歷史契機，他們為紡織機添加了蒸汽動力，生產的速度加快。這麼快的紡紗、這麼快的織布，自然需要更多的棉花，整個棉紡織品製造生產的瓶頸出現在棉花的供應問題。

如何增加棉花的供應呢？至少有三個辦法：

1. 增加栽種面積，譬如地中海地區、西印度群島，以及美國南部、西部各州棉花田的擴充。
2. 增加人手、延長工時，這便讓奴隸制度的規模更加發展。
3. 改良棉花的生產、收成效率。

第三個辦法之所以重要，是因為棉花採摘之後，必須將棉絨跟棉籽分離。棉籽需要剝除出來，這個工作從來都只能使用手工，效率很難提升，能不能發明一種機器將棉籽迅速地去除呢？這就是一七九〇年代出現的軋棉機。

軋棉機是美國人惠特尼（Eli Whitney, 1765-1825）所發明的，如果檢視當時的棉產業狀態，看來應該相當合理。從十八世紀中葉起，美國逐漸成為英國棉花原料的重要供應地，滿足英國棉紡織業的巨大需求，正是美國人發明軋棉機的強烈動機。更重要的是，有了軋棉機的助陣，連帶地更造成第一、二個辦法的有效落實，棉花田面積擴大了，更多的黑奴得花更長的時間待在田裡工作，美國南方的棉田產業足以應付大量的外銷訂單，在一八三〇年代，已經佔有英國棉花進口總額的八十七%。

> 反思：十八世紀的英國人有許多傑出發明，為何軋棉機這種重要的機器卻是由美國人發明出來？為何說，若檢視當時的棉產業狀態，由美國人發明軋棉機，應該是合理的？

在整個紡織品製造生產的流程中，「工業革命」因為掌控了從軋棉、紡紗到織布的技術環節而得以啟動，其順序先是織布機的進步開始帶動紡紗機的改革與需求，接著再帶動了棉花生產必須要有更高效率機器的發明。

精確地說，工業革命就是在無數系統中，這樣一個個環節進展過程裡頭出現的。我們可以看到任何一個製造生產環節的改變，就會牽動整個系統的發展。一個環節完成之後，便又開啟了一個新的需求或發明的循環，再次影響前後連結的其他環節，周而復始。

更重要的是，即便是發生在技術層面的系統改進，相關的影響總是會擴散到其他的「非技術」系統，引發一連串意想不到的反應。

> 反思：棉紡織業的發展，對黑奴貿易有何影響？軋棉機的發明，對於在田間工作的黑奴是好事，還是另一個噩夢的開始？他們的工作負擔因此減輕，或者更加重？

市場和資本

霍布斯邦（Eric Hobsbawm）在《革命的年代：1789-1848》提醒我們，「工業革命」一詞，大約是在一八二〇年代才由英國和法國的一群社會主義者所發明。在這個時候，工業革命其實已經運作大約四十年。「社會主義者」這一群人或其思想之所以出現，就是來自於針對「工業革命」的敏銳觀察與批判。名詞的創造，正是一種現象的確認、概念的聚焦，並做為後續相關行動的運用。

> 反思：社會主義者創造「工業革命」一詞，他們的動機是什麼？「工業革命」一詞不是由資本家，反而是由社會主義者發明出來，是合理的嗎？

如果我們著重的是，因為機器的發明和運用，導致了生產方式的轉變，那麼「工業革命」時期應該也可以稱為「機器時代」（the Age of Machines）的降臨。但社會主義者，或一八四〇年代之後開始活躍的共產主義者，顯然更關注的是工業革命做為「產業革命」的意義。宏觀地說，工業革命所帶起的其實是範圍廣、作用深的「資本主義工業化」歷程，這個歷程是由機器取代人力，以及工廠制度的發展所帶動，但以英國這一個工業革命的開路先鋒而言，不斷拓展的「市場」，應該才是促成棉紡織業蓬勃發展的關鍵因素。

技。

換言之，真正的動力並非蒸汽機，而是「市場」，市場帶動產業，而產業渴望科

反思：推動工業革命發展的動力，到底是「蒸汽機」，還是「市場」？

對於「市場」重要性的關注，其實也可以帶我們回過頭去重新評估「圈地運動」（enclosure）所造成的影響。

幾乎所有探討英國工業革命的人，都會注意到十五、十六世紀已經迅速發展的「圈地運動」為工業革命所提供的有利條件。

當時的「圈地運動」，讓西歐各地的地主們可以運用許多手段將公地私有化，或者兼併小農的土地，擴大農場面積，提升使用效率，增進產值。此外，由於羊毛製品的利潤頗為豐厚，因此部分的大地主也會運用圈佔的土地來擴大畜養羊隻的規模。至於土地被兼併的小農，只好淪為大農場、大牧場的傭工，或者被迫離鄉背井，另謀生路。

英國歷史上一位非常重要的人物，因為反對亨利八世（Henry VIII, 1491-1547）自行兼任英國教會領袖而遭國王處死的湯瑪斯．摩爾（Thomas More, 1478-1535），便在一五

一六年完成的《烏托邦》（*Utopia*）一書中批判這樣的圈佔現象，並且諷刺地說：「你們的羊一向是那麼馴服，那麼容易餵飽。但據說現在卻變得十分貪婪、凶蠻，以至於吃人，並把你們的田地、家園和城市蹂躪成廢墟。」

> 反思：羊是草食性動物，怎會吃人？這種說法會不會太誇張了？

十六世紀導致「羊吃人」現象的圈地運動，在十七、十八、十九世紀依然持續發展，而英國的狀況比歐陸國家還要興盛，且日益普及。英國的地主們壟斷土地，積極改進生產效率，擴大生產量，帶來哪些影響呢？

1. 更有能力養活迅速增長的人口，尤其是比例逐漸攀升的非農業人口。
2. 被迫離鄉背井的大量農村剩餘人口，為工業活動提供豐沛的勞動力，而人口密集之處則加速「城市化」的現象。
3. 地主運用農業生產所累積的資本，投資於具有競爭力或發展前景的經濟活動，包括海外的殖民經濟體制與進出口貿易。

歸納而言，在「工業革命」於十八世紀後期到來之前，「市場」和「資本」已經支配了英國的農業，這兩個要素隨後也在「工業革命」中產生積極的效應。

至於英國之所以能夠擁有龐大的市場和資本來帶動產業革命，背景當然是「帝國的擴張」。英國在十七世紀辛苦地與荷蘭纏鬥，逐漸取得海上霸權，而後在十八世紀，先後歷經一七五六至一七六三年的「七年戰爭」，以及一七九三至一八一五年隨著法國大革命而來的戰爭，尤其是在「拿破崙戰爭」（Napoleonic Wars, 1803–1815）中取得對付法國的最終勝利。基本上，英國已經將所有的競爭對手遠遠拋於後頭。

在整個十九世紀的全球擴張中，英國壟斷拉丁美洲、亞洲、大洋洲、非洲等地的龐大市場，並且累積雄厚的資本。以英國和清朝為例，十八、十九世紀在廣州不斷發生，逐步惡化的貿易糾紛與鴉片走私衝突，終於在一八四〇年爆發戰爭，清朝稱為鴉片戰爭，但英國始終界定為商務戰爭。戰爭過後，清朝門戶洞開，逐步淪為英國恣意而為的市場。

英國資本主義和帝國主義的發展，其實是相得益彰。至於科技和工業，只是確保市場可以順利到手的工具。

受害者

如果從較為廣義的「產業革命」來觀察，在「圈地運動」中土地被巧取豪奪的小農，應可視為工業革命的受害者。當然，被迫離鄉背井而直接進入工廠的傭工，以及很快就出現的女工、童工，則是最受矚目的受害者，十八世紀時甚至已被稱為「白人奴工」（white slaves）。

工廠的業主之所以苛刻、剝削勞工，因素十分複雜。但有一個事實應該是關鍵的，也就是紡織業的競爭太過激烈。

自十八世紀後期開始，進入棉紡織業的門檻其實不高。購置紡織機的成本低廉，來自海外的棉花產量因為殖民經濟體系、奴隸制度的壓榨，以及軋棉機的發明而不斷成長，價格急遽下跌。另一方面，紡織商品的市場又正日益擴充，因此許多業者透過日常的人脈就可以募集到資金，只要勤勞工作，努力擴充產量，很快就能回本。

例如日後致力於改革工廠、照顧工人福利的歐文（Robert Owen, 1771-1858），就是白手起家，一七八九年借錢創業，一八〇九年已是擁有大紡紗廠的老闆。這樣的成功個案，在當時還有許多，不算罕見。

如此美好的創業條件和豐厚利潤，當然吸引許多人大量投入。激烈的競爭，加上產量快速攀升，在一八一五年之後，紡織品價格便面臨經常性的下跌壓力。一七八〇年代到一八二〇年代約四十年間，紗線的價格跌到了只剩原來的二十分之一，而且下跌情勢依然存在，若再扣除各種成本，整個紡織業顯然進入了微利的階段。雖然成功的紡織業主仍可透過銷售總量的遽增而使得利潤總額可以繼續成長，但成本的控制已是必須嚴肅處理的要務。在各種成本的管控當中，最能壓縮的就是勞動成本，這意味著一方面必須不斷設法苛扣工資，另一方面則是必須繼續設法提升機械化與技術革新，以便節省勞動力。

在苛扣工資的情況下，當時老闆心目中的「最低工資」是怎麼定義的呢？一個人在工廠裡面辛苦工作，領了薪水回去可能只買得起廉價麵包、馬鈴薯之類的食物果腹，搭配劣質的茶，加進大量的糖，設法獲取熱量，以便第二天還有體力上班。這就是工資的下限，是由不至於飢餓的「生理因素」所決定的。

反思：若按照這種計算方式，在目前的臺北地區工作，每一天可能領取的「最低工資」應是多少？會超過新台幣一百五十元嗎？

這樣的低工資，顯然無法養活一家人，而且紡織業的勞動力，已經逐漸重用工資可以壓得更低廉的女工和童工，男人只好轉往找尋更粗重的工作。為了賺取足夠的生活費用，十九世紀前期的英國工人家庭幾乎全家人都得上工，甚至包括九歲以下的兒童，而且成年人還必須經常超時工作，一天的工時平均至少十三小時以上。工作環境惡劣，又欠缺安全保障，一旦受傷，往往就失去工作機會，而且很難得到什麼救濟或補助。

十九世紀英國紡織工人的處境，絕對比今天的血汗工廠還要糟糕。

另一批工業革命的受害者，則是「地理大發現」之後，隨著擴張的歐洲資本主義和帝國主義而被販售到世界各地的非洲奴隸，他們在工業革命來臨時，亦即資本主義工業化的啟動階段，面臨了更高壓的奴役，人數也持續攀升。

殖民地奴工與英國血汗工廠的勞工，這兩批受害者之間有什麼聯繫嗎？答案是：「有的」。

紡織工廠最重要的原料是由奴工所種植生產的棉花，但美國許多棉田的開闢還是掠奪印第安人的土地而來，這是另一批受害者。英國的勞工將棉花紡成紗線，再織成布料，但他們的工資被嚴重苛扣，只能以廉價食物果腹。這些食物儘管品質不高，但維持低價顯然是有條件的，關鍵之一就在於由壓榨黑奴勞動力而發展的蔗糖、菸草產業，以及主要是在印度，由剝削當地傭工所建立起來的茶產業，因此遠在英國的勞工可以花極少的錢購買，但實際受益者是工廠業主，他們因此可以再度調降工資。

困境和改革

工業革命的發展固然帶來許多好處，但也迫使英國首當其衝，必須面對無可避免的困境，主要在兩方面，一是悲苦的勞工，二是汙染的城市。

悲苦的勞工得忍受工作環境的惡劣，以及貧困的生活，終日勞動，卻幾乎一無所有。再者，他們的工作沒有什麼保障，一旦失業，往往只能以乞討、賣淫、竊盜維生，相當淒慘。這也是為何「社會主義」運動會日益發展，而且到了一八四〇年代，進一步出現「共產主義」（communism），並且開始使用「無產階級」（proletariat）這一個名詞，深刻地、尖銳地批判悲苦勞工的遭遇，以及問題的肇因。

建立「共產」的理想世界，是馬克思（Karl Marx, 1818-1883）等人的志向。「共產主義」強調無產階級必須發動階級鬥爭，透過有組織的革命行動，推翻資本主義，消滅財產私有制，徹底瓦解不公不義的社會結構，才能改變整個社會經濟體制。這樣的主張，在「社會主義」陣營裡頭算是最為激進的。

另一種「社會主義」思想的發展，代表人物之一是十九世紀初從紡織業賺到大錢的歐文。他致富之後，開始在自己的工廠中主動縮短工人的勞動時間，提高工資，改善福利條件，並且關心教育，為員工的孩子開設托兒所、幼兒園和小學，也為少年勞工建立夜校。一八二四年，歐文為了建設理想的工業社區，還遠赴美國，在印第安納州買下一千多公頃的土地，從無到有，希望可以實地進行社會主義生活的實驗，甚至期待未來可以推廣，造就世界大同。可惜，歐文的計畫太過理想，沒有成功。

像歐文這一類的改革者，他們批判資本主義，但並不主張暴力，而是企圖透過集體生活的改造，財產公有制的實行，以及農業和工業、城市和鄉村、勞心者和勞力者的互動整合，建立快樂、有秩序的人類社會。

> 反思：歐文等人的社會主義主張若要成功，必須倚賴少數人（尤其是資本家）的慈善，以及所有人的理性、無私。這樣的條件可能成立嗎？

不過，馬克思等人一方面既提出了一個共產主義烏托邦的美好願景，另一方面卻認為歐文等人的構想太過天真，純屬空想，完全低估了資本主義的力量，忽略無產階級已然出現，以及工人階級的不斷發展，因此欠缺達成目的的必要手段，故稱呼歐文等人的主張為「烏托邦社會主義」（Utopian Socialism）。馬克思等人則自認為已經可以透過精確研究，掌握社會的變革，發現透過階級力量的組織而達成理想，以無產階級接收資本主義大生產模式和成果的關鍵，故自稱為「科學社會主義」（Scientific socialism）。

在「社會主義」陣營中，還有第三種思想派別值得注意。他們關注的焦點，不在無產階級鬥爭，或者建構理想新社區，而是強調真正從事改革的主戰場在「國會」與「政府」，這即是一八八四年一群知識分子和中產階級，包括蕭柏納（George Bernard Shaw, 1856-1950）、衛布夫婦（Sidney Webb, 1859-1947; Beatrice Webb, 1858-1943）、威爾斯（Herbert George Wells, 1866-1946）等人於倫敦成立「費邊社」（Fabian Society）的基本立場。

費邊社成立時，英國的政治發展在歷經一八三二、一八六七以及一八八四當年的大改革之後，二十一歲以上成年男子超過四分之三擁有了投票權，也就是說大多數的農人和工人已經可以透過選舉，影響政府的組成與政策走向。費邊社看到了英國「民主」憲政的擴展和勞工組織的發達，已經可以促成必要的社會改革，因此排斥馬克思階級鬥爭的激進革命觀點，主張研究社會實況，以民主漸進溫和的手段，透過選舉投票，從體制內來解決問題。

費邊社的目標是希望建立社會各階層在財產、社會地位、政治權利等方面的平等，並且經由平等和自由理念之實踐，使得人們可以互愛、社會可以互助。為實現此一理想，費邊社的策略是鼓勵成員加入內閣、地方政府、工商機構、大學、教會，以及其他重要的社會團體，透過各種途徑，拉攏關鍵人物，讓費邊社會主義（Fabian Socialism）思想足以影響政府決策，或者爭取選票，成為國會或地方議會的多數，逐步促使擁有資產者認同和支持社會主義，並企圖以國家做為推動改革的工具，透過和平、憲政的途徑實現社會主義。

費邊社的這些主張和策略，直接影響了英國工黨（Labour Party）的成立與發展。此外，費邊社創始成員深知改革之道漫長而艱辛，唯有透過教育的力量，才有可能延續、累積、發展改革的力量，這就是一八九五年，倫敦政治經濟學院（The London School of Economics and Political Science）創校的動機，藉以實現費邊社建設更美好社會的願景，這也是為何貧窮、財富不均等議題始終是其專注研究主題的原因。

從結果來看，烏托邦社會主義的努力最終沒能實現理想，但馬克思針對十九世紀工業革命最為發達的英國必然發生無產階級革命的斷言，最終也沒能成真。不過，英國的勞動貧民、失業人口確實在一八一五年之後進行多次的群眾抗爭、暴動，一直延續到一八四〇年代。他們當中有部分領袖正是奉行歐文思想的信徒，並且開始和新興的資本家、中產階級聯手，追求政治和社會的改革，爭取平等的權利。大規模的示威遊行、暴動，終於迫使國會和國王放手通過一八三二年國會改革法案。但這個法案的通過，獲益者只有資本家和比較富裕的中產階級，這使得群眾繼續尋求社會運動，甚至武裝暴動，也激起政府多次調派軍隊鎮壓。一八三八年至一八五八年，部分改革者另外推展「憲章運動」（Chartism），主要是訴諸遊行和請願，以和平與合法方式尋求政治改革，許多次的請願甚至有上百萬人響應。憲章運動最後並沒有立即產生影響，但在隨後的一八六七、一八八四年國會改革法案中，憲章運動的重要主張則幾乎一一實現。

一八八四年才成立的費邊社，其溫和穩健的立場深入掌握英國政治和社會脈絡，提供合適的改革主張、實踐方式，因此帶來十分正面且重大的貢獻。至於馬克思主義者首次掌握政權，則一直到一九一七年，由列寧（Vladimir Lenin, 1870-1924）在工業水準不甚發達、工人階級尚未壯大的俄羅斯實現。

從另一個角度來觀察，英國的社會與政府早在馬克思的斷言出現之前，從十九世紀初就已經開始進行關於社會安全及產業經濟的改革。首先關注的是女工和童工的問題，改革包括：規定學徒每天工作不可以超過十二小時、學徒不可以上夜班（1802）。禁止雇用九歲以下童工、九至十三歲童工每天只能工作八小時、十三歲以下童工每天必須接受由政府支付學費的義務教育兩小時（1833）。禁止女工和十歲以下童工在礦坑工作（1842）。女工與十八歲以下童工每天工作不能超過十小時（1847）。

反思：當政府基於一片善意，修改《工廠法》，希望禁止或限制女工、童工在工廠工作時，人們並不感激這樣的「保護」，許多女工甚至陳情、抗議，認為政府「剝奪」她們在工廠工作的權利。女工如此強烈反應的原因，可能為何？

到了一八六〇年代之後，改革的焦點開始包含工作環境，例如：規定工廠衛生清潔、通風設施、避免意外事故發生等要求及標準（1864）。手工業與家庭作坊都必須比照工廠的標準規定（1878）。一八七〇年代起，還陸續通過國民教育法（1870）、勞工賠償法（1906）、養老金條例（1909）、國民保險法（1911）等，全面建構社會福利與安全的網絡，增加政府、雇主承擔國民教育，以及勞工疾病、受傷、殘廢、死亡、失業、養老等公共責任。

在這樣的努力下，英國沒有發生無產階級革命，而且在二十世紀初，已經是一個社會福利事業十分發達的國家。

> 反思：馬克思主義為何無法在英國實現、掌握政權？若從英國政府的改革、費邊社的主張兩方面探討，如何回答上述的問題？

另一方面，在積極解決勞工問題的同時，倫敦及其他大城市環境的汙染卻日益惡化，形成大麻煩。城市汙染主要來自於人類和牲畜的隨地大小便、家庭或工廠垃圾的棄置與汙水排放，以及燃煤導致的空氣品質惡化。固體或液體的排泄物、廢棄物最後經常都進入了河川，汙染水源，加上燃煤所排放的氣態汙染物，以及進一步與空中的霧氣結合而形成的霧霾，對人體的健康殺傷力甚大。管理垃圾和汙水、清理河川，以及管制空氣品質等，遂成為十九世紀大城市的頭痛問題。

工業革命時期的英國著手處理這個問題，始自一八四八年頒布《公共衛生法》（Nuisance Removal & Disease Prevention Act），建立中央和地方的衛生機構。此外，這個法案規定家家戶戶都要裝設沖水馬桶，這項看似進步的政策卻導致大問題，由於倫敦市區家戶汙水糞便直接排入河裡，造成泰晤士河散發出令人難忍的惡臭。

一八五八年的夏天非常炎熱，降雨量不大，泰晤士河的流量變小，無法將大量的汙水、家戶廢棄物、牲畜的屍體排走，結果衍生為「大惡臭」（Great Stink）事件，人們經過河岸周圍都得掩住口鼻，也不可能在河中划船，因為船槳會帶起各式各樣的恐怖汙穢。值得注意的是，國會就位於泰晤士河邊，大惡臭導致議員難以工作。但是，國會議員雖然抱怨連連，卻沒有通過任何法案尋求改革現狀，癥結在於許多人不希望國會或者政府干涉居家生活，特別是比較富有的人，他們信奉自由放任（laissez-faire）政策，主張人人應該為自己的行為負責、照顧好自己，政府不必干涉太多。重要的是，這一群人擁有選票，是真正能夠影響國會和政局的人。還有另一個重要原因在於當時英國已是穩定的地方分權體制，地方政府也不太歡迎中央政府或國會干涉地方自治，因此許多中央的法令雖然通過，但往往不帶有強制力。

在此情況下，城區環境繼續惡化，終於迫使愈來愈多較為富有的人們遷往郊區，開始產生郊區化（suburbanization）的現象，也逐漸導致城區的衰頹。貧困的工人繼續住在城區，許多家庭只能擠在一個房間生活，人數可能多達十人。而一個街區中，數百人才可能擁有一間設施破舊的公共廁所，空氣汙染嚴重，供水系統也相當不可靠。生活環境的惡劣，加上艱苦的勞動、微薄的收入，甚至隨時可能到來的失業，身心負擔相當沉重，許多人體弱多病，經常借助烈酒、麻醉劑尋求片刻的逃避，這使得十九世紀前期許多大城市居民的死亡率幾乎是周邊鄉村地區的二至三倍。

生活的困苦，迫使勞動貧民必須繼續忍受生活環境的惡化問題。不過，傳染病的侵襲，尤其是霍亂的大流行，既殺死貧民窟的居民，也沒有放過住在比較乾淨、富裕城區的居民，甚至也傷害城市周邊、郊區的居民。傳染病造成成千上萬人死亡，不分貧富，一視同仁。這便開始引起中產階級、富裕資本家的恐懼，部分人士改變立場，支持政府應該設法清理城鎮中的貧民窟，以免造成疾病的大流行。

一八六五至一八六六年的霍亂大流行，幾個星期之內，倫敦東區就有七千多人死亡。經過一些衛生醫療專家的實地檢測，他們採信法國化學家、微生物學家巴斯德（Louis Pasteur, 1822-1895）在一八六四年的實驗證明，確認細菌會導致疾病，而倫敦的霍亂流行是經由汙水傳染的，不是空氣，唯有清潔城市，尤其清除汙水，才有可能阻止霍亂或其他傳染病的流行。

一八六〇年代，事情開始出現改變契機，還有政治上的背景。先是一八六四年，工廠勞動環境的改善出現了明確的法令規範，然後是一八六七年國會改革法案通過，使得在城市工作的多數勞工享有投票權，可以選擇自己的國會議員和地方政府官員，原先遭遇忽視的城市勞工的生活福祉，國會議員和地方政府官員得開始關注才行。

反思：從一八五八年到一八七五年，關於城市環境的清理，原本主張「自由放任」的態度何以在不到二十年的時間中轉變，大力支持政府介入？相關原因歸納起來有哪些？

城市環境傷害人民健康的問題，在一八七四年的國會大選中成為重要議題之一。保守黨率先做出承諾，爭取工人的選票。選舉結果，帶領保守黨贏得大選的迪斯雷利（Benjamin Disraeli, 1804-1881）出任首相。迪斯雷利早在一八七二年即已十分關注城市環境問題，他在英國第二大城市曼徹斯特的公開演講，強調乾淨的空氣和乾淨的水，具有不言可喻的重要性。政府必須介入，進行必要的居家檢測，並排除威脅人民健康的因素，而保障人民的健康，當然是執政者最應該優先考量的工作。

一八七五年，迪斯雷利將《公共衛生法》修正案提交國會審查。雖然還是面臨激烈爭論，但是過去向來認為政府不應該過度干涉人民居住條件的主張，或者針對提供乾淨水源、清除汙水和保障人民健康之間有何關聯的質疑，都無法再獲得多數的支持，法案順利修正通過。此後，提供良好的汙水處理系統、排水系統和供水系統，成為中央政府和地方政府的法定責任。而且，政府針對城區居住品質的改善，以及貧民窟的清理，採行主導及干預式規畫的政策趨勢也日益明顯，政府管理城市的權力逐漸擴張，並且深入市民的生活，建立起緊密的連結。

反思：自從一九九七年《京都議定書》制定以來，排碳大國如美國、中國、俄羅斯、印度等國的態度備受矚目，許多人認為這些國家應負起更多的減碳責任。但也有人認為，其實從歷史發展而言，不應該忽略英國對於地球暖化所造成的影響。這樣的批評之所以出現，主要的觀點為何？

在英國「白人奴工」逐步獲得比較好的工作和生活保障的同時，另一批主要的受害者——黑奴，在十九世紀資本主義的繼續發展中得到一個意想不到的「解放」機會。若仔細推估一番，與低廉的工資成本相比較，十九世紀畜養黑奴的成本已經偏高，這些成本包括購買奴隸、提供日常生活開銷、監控與管理，以及因為他們的生病、受傷、怠工、罷工、反抗、逃亡，甚至是集體暴動所導致的各種損失。相形之下，隨著機械化，以及資本主義工業化的進展，資本家需要的是運用所謂的「自由勞動力」，那些可以高度壓榨工資的男工、女工、童工，成本反而比較好控管。

基於成本的考量，加上人道精神的宣揚，以及民主政治原則的強調，使得「廢奴」成為十九世紀歐美各國的普遍行動，英國（1833）、法國（1848）、美國（1865）是具有指標性的三個國家。但是，奴隸制度並未從地球上消失，目前仍然存在許多中低度經濟發展地區。而十九世紀以來，西方國家中的黑奴逐漸獲得解放之後，他們的政治和經濟處境並未獲得實質改善。以美國為例，經過血腥的內戰（1861-1865）之後，形式上只處理了「奴」的問題，至於「黑」的問題，即使在一百年後，馬丁路德金恩（Martin Luther King, Jr., 1929-1968）依然只能高喊「我有一個夢」（I have a dream）。

壯。

至於被資本家重用的「自由勞動力」，真的自由嗎？回答起來，顯然無法理直氣

歷史課本這樣說

歷史教科書在說明紡織業的技術革新時，經常的「手法」是依照時間先後順序，羅列簡介飛梭、珍妮紡紗機、瓦特改良蒸汽機，這已是「經典款」，但往往也就是「基本款」。

其實，「羅列、簡介」的模式已經是我們的歷史教科書的窠臼、積弊，這樣做的缺點主要是每一個歷史課題的學習都是在記取一堆瑣碎的細節，但其實這些細節彼此之間是有關聯的。紡織技術和機器的改進，不太可能是毫無章法，或者隨意而為的。所以我們可以透過「棉花生產→紡紗→織布→剪裁→縫製」這樣的流程將相關的技術和機器「貫串」起來，並且幫助我們更能夠洞察工業革命的發展歷程與特性。

運用上述紡織品製造生產流程來比對各家版本的歷史教科書，還可以發現「軋棉機」幾乎不見了，只有在極少數版本中孤立地出現過。原因可能很簡單，它應該不屬於「英國」的工業革命吧？或者說，它是在農業範疇中運用，應該不屬於「工業」革命吧？

缺少「美國的軋棉機」這一塊歷史拼圖，「代價」頗大。這不僅讓「原料從哪裡來」這個資本市場的重要課題變得不清不楚，也讓奴隸制度、美國南北戰爭與工業革命的關聯斷掉了。

長久以來，關於十八世紀之後世界史的學習，總是將「工業革命」放在經濟面（資本主義），「南北戰爭」放在政治面（民主政治），這樣的安排自然有其道理，但如何設法抓到彼此之間的連結，建立一種理解的架構，統整出一種歷史脈絡，這才有可能降低現行教科書區分章節、各自陳述、零散呈現的侷限。

> 反思：英國的工業革命和美國的南北戰爭，到底有何關聯呢？怎麼把兩個歷史事件串聯在一起？

至於工業革命的影響或衝擊，特別是英國政府在社會改革方面的成就，在課程綱要或教科書中都是相當重視的課題。值得注意的是，這部分的處理早在國編本時期就一直佔有不小的篇幅，迄今版本開放之後，重要性仍舊不減。推測其原因，一方面當然是此一課題本來就具有重要的歷史意義，另一方面，應該是要拿來和共產主義對比，同時也和積極建設現代化社會的國家政策宗旨環環相扣。

女性地位的改變，也是一個各家教科書都非常重視的課題。工業革命提供大量的女性離開家庭、進入城市，尋求自力更生的機會。經濟的獨立、見識的增廣，加上義務教育的推動，使得女性的自主空間增大。不過，有些版本特別討論十九世紀女性社會地位的變化，指出隨著《工廠法》和其他一些法令的頒布，英國婦女反而逐漸喪失工作上的平權機會，因此出現「邊緣化」的危機，國家開始設法將婦女送回家庭，而小學教師、護士等照顧性質的工作，或者簡易的文書工作，成為婦女有限的就業機會。

當然，已經經過工業社會洗禮和知識啟蒙的英國女性未必甘心接受這些限制，她們繼續努力，而且還要更進一步地爭取政治上應有的尊重和權利。這個機會在二十世紀來臨之後終於等到，卻是由第一次世界大戰所提供。

此外，也有少數版本探究了工業革命發展所導致的大眾生活轉變，而特別提及十九世紀後期開始出現的「休閒娛樂」風潮。這應該是工業革命的發展逐漸穩定，許多弊病逐漸消除之後，鐵路等交通條件改善和商品流通的好處開始能夠嘉惠愈來愈多的人，不少人的生活才真正有所轉變。

當然，受限於篇幅，這個重要而且有趣的課題無法在教科書中繼續探討下去。我們現在習以為常的「長途旅行」、「大眾觀光」、「放假／休假」、「休閒娛樂產業」等，其實是具有以「工業革命」為背景的來歷，可不是本來就是這樣的！

反思：「長途旅行」、「大衆觀光」、「放假／休假」、「休閒娛樂產業」等，其實都是「工業革命」之後的發明。這些發明和工業革命之間的關聯，要如何串起來呢？

歷史可以這樣學

以上花了好多的篇幅探討工業革命，真正目的是要為接下來關於「脈絡化思考」的探討，提供足夠的知識基礎。學習歷史，不能光是死記死背，重點在於掌握「脈絡」，進行「理解」，這才能事半功倍。

「脈絡化思考」的練習

簡單地說，「脈絡化思考」就是運用一些方法技巧，在心中建立一個自己可以清晰知覺的「圖像」，以便把原來零散的資訊全部兜攏在一起，進而編織成一張「意義的網」，除了把原來的資訊整合在一起之外，甚至還能夠進一步向外張羅，抓取新的資訊進來。

在詳細探討何謂「脈絡化思考」之前，先來了解「脈絡」（context）的兩層意思：

1. 口語表達時，或者在讀、寫一篇文章時，所使用字句的「上下文關係」（也就是「脈絡」）將會對於全部語文的整體意義，或者針對其中一些單字、名詞等意涵，帶來明顯的影響。換句話說，如果要了解一篇文章的意涵、跟你講話的人的想法，或者語文表達中某一個字詞概念的確切意涵，我們就得仔細注意在上下文之間的關係，才比較不會造成誤解。

例如，

(1)「看到茶農將陡峭山坡上的天然植被全部清除，栽種茶樹，收成後烘焙出上等的高山茶，我才知道我們買的茶葉可真是便宜！」

(2) 甲說：「享有乾淨的水、乾淨的空氣、乾淨的食物，是基本人權。」

乙說：「你這是中產階級的想法，不知民間疾苦！現在有多少人吃不飽，你知道嗎？」

甲說：「不對，不對，你這才是中產階級的想法。」

請仔細思考一番，(1) 的意思，茶葉到底便不便宜呀？(2) 的對話中，誰才具有「中產階級的想法」？此處的「中產階級的想法」，是否屬於比較不好的評價？

2. 某一件事情、物品、人物等都不可能是「真空」存在，實際上一定具有時間、空間的關聯，前因後果的影響，以及文化背景等。而且，當我們在理解這些人、事、物時，我們自己過去的經驗也可能導致我們會有不同的認知和評價。

這些關聯、影響、背景，甚至是我們過去的經驗等，共同構成了一個「整體架構」（也就是「脈絡」），深深地影響我們對於各種外在人、事、物的看法。

換句話說，我們應該盡量從時間或年代、空間環境、因果關聯、文化背景差異等各種不同的面向著眼，踏踏實實地分析，甚至還得反省自己是否帶有偏見。而這整個過程，其實是一種「揭露」或「發掘」的功夫，如此一來，我們才有可能對於外在的、歷史上的人事物進行「比較不會」產生誤解、偏見的了解。

「脈絡」很重要，其實大家一天到晚都在運用各種脈絡，而且也活在許多的脈絡當中，不然的話，我們的知覺或行動將很難順利運作。要體會「脈絡」的作用，最簡單的方式就是去一個陌生的環境、讀一本生澀的書、參與一場欠缺背景知識的討論、學習一個新的技術等，那種「無所適從」、「手足無措」、「張口結舌」的窘況，就是因為你一下子沒有了「脈絡」，因此好像懸在半空中一樣！所以，倒過來想，當我們企圖認知、理解某一個外在的或歷史上的人、事、物時，如果不理會這些「對象」的脈絡，那麼我們將會出現兩種可能的情形：一是不管三七二十一，直接套用自己先前的看法，但是這樣的「成見」極有可能造成誤解；二是深陷在一大堆的「雜訊」中，搞不清楚狀況，甚至出現「張飛打岳飛」、「牛頭對馬嘴」的現象。

透過練習，嘗試讓自己的思考能夠脈絡化（contextualize），這是讓我們避免思想太過鬆散雜亂、態度自以為是的最佳辦法之一，而且也是提升我們認知這個世界的運作邏輯或歷史的變遷過程時，最重要的能力憑藉之一。

以下我們來進行一個小小的練習，從比較簡單的「脈絡化」工作做起，先嘗試了解和掌握一些基本觀念，以及脈絡化思考時應該注意的一些基本要項。

這個練習是參考英國的一本中學歷史教科書 *Minds and Machines: Britain 1750-1900*，以「專題」的型態，在一百五十年的「長時段」中，探討「工業革命」時期英國的歷史變遷。同時也參考臺北市立建國高中歷史科莊珮柔老師的設計而加以修改。

這裡呈現的四組卡片的內容，都與十八世紀至十九世紀後期英國社會所發生的各種變遷有關。四組卡片有各自探討的主題，第一組是「工業」變遷，第二組是「農業」變遷，兩組可以合併起來，成為「經濟」變遷的探討。第三組探討的是「社會」變遷，第

Changes in industry

A New inventions made it possible to spin and weave cloth much more guickly. This meant that the factory owners could make a lot more money.

B The factories needed supplies of coal and iron so that the steam engines could work the new machines.

C Large buildings, called factories, were needed for the new machines and the many workers who operated them.

D Many of the new goods were sold abroad. This is why Britain was called the 'workshop of the world'.

Changes in farming

E Wealthier farmers bought strips of land from the poorer villagers. They used these to make larger farms with enclosed fields where they could experiment with new types of crops.

F Poorer villagers, who had sold their land to richer famers, now became landless labourers. Some left the countryside for new jobs in the towns.

G The growing populations in the new towns needed food. This helped the farmers to make more money. The food had to be transported to the new towns.

H By encloseing their fields, farmers were able to experiment with the selective breeding of animals. These animals could produce more milk or more meat.

Changes in living and working conditions

I Conditions in some of the new towns were terrible. Workers lived in tiny houses with no running water and no sewage facilities.

J Conditions in the factories were harsh. Young children had to clean machines. Some worked for as long as fourteen hours a day.

K Later in the 19th century some politicians passed new laws to improve conditions in the towns. They hoped that this would win them the votes of the working people.

L Laws were passed in the 19th century to stop factories from employing very young children and to cut the hours which older children worked.

Changes in government and power

M In 1750, only very rich people could vote for a Member of Parliament.

N By the early 1800s there were still few Members of Parliament representing the new industrial towns, even though the populations there were growing fast.

O Some of the men who became rich as a result of the industrial changes (factory owners and business men) gained the vote in 1832, after a long campaign.

P In the second half of the 19th century, more and more working men were given the vote.

圖5-1 工業革命的變遷

註：引用自 Jamie Byrom, Christine Counsell, Michael Riley, Mike Gorman, Andrew Wrenn, *Minds and Machines: Britain 1750-1900* (1999), p.12

四組探討的是「政治」變遷。如果再仔細分析，四組卡片都與「科技」的應用（包括發明機器、生產製造、動物馴養、工廠環境、環境汙染等）息息相關。科技、經濟、社會、政治，是我們進行一個時代的探究時，常常必須觀照的四個面向。

> 反思：有些趨勢觀察家認為，二〇一五年之後的全球發展可以使用FIRE來概括探討。F指的是Fed（美國聯邦準備理事會），I指的是IS（伊斯蘭國），R指的是中國紅色供應鏈，E指的是能源。我們如何用科技、經濟、社會、政治四個面向加以分析？

基本上，這四組卡片彼此存在著一些前後關聯，既是時序的關係，而且也帶有因果的關係。不過，因為每張卡片上的文字都很簡短，所以在排列先後順序時，卡片和卡片之間有一些必須連結的內容是無法在簡短的字句上顯示的，得依賴排卡片的人自己對於「工業革命」這個課題的了解程度，才有辦法進行「空白」的填補，完成合理的排序。

以下是這個練習的題目。

必須先提醒的是，在這個題目之後，本書將接著呈現六位學生的答案，並且針對

「脈絡化思考」這個課題進行相關討論。所以，請在自行完成練習，寫下答案之後，再往下繼續閱讀本書的內容。

請依照自己對於英國「工業革命」的了解，從這四組十六張卡片中，抽取一些卡片出來排序。為了讓大家的答題比較具體，請遵守三個規則：

1. 「至少」要使用兩張卡片。
2. 可以選擇呈現這一百多年間「全部」或「部分」時期的變遷。
3. 必須包含政府權力的變遷在內。

以下有兩個問題，請依序作答：

① 請使用卡片代號，寫下排列的順序。

② 請依照卡片的排序，寫下說明文字，述說工業革命的「變遷」現象。

以下，先呈現六位學生的答案，接著再來說明每一個回答是否符合「脈絡化思考」的要求，最後則提供一個簡要的評分量表（Rubrics），提示脈絡化思考的幾個基本要項。

【甲生】

① C→F→N→O

② 因為農業（圈地）和工業生產方式改變，鄉村產生推力，城市產生拉力，促使人口流往城市，因而出現新興城市。

由於人口快速成長，許多新城市蓬勃發展之後，卻沒有符合人口比例的議員席位，使其利益受損（特別是商人和中產階級），因此後來在一八三二年時國會通過法案改革，讓工業革命中興起的商人和中產階級能擁有投票權，並且重畫選區的議員分配席次。

【乙生】

① E→F→C→I→P

② (1) 地主圈地造成農民失業。

(2)農民湧入城市尋找工作機會。

(3)工業革命後出現大量的工廠，需要大量的勞工，農民成為工人，而且人數激增，人數多到足以形成一種「階級」。

(4)工人階級不斷發展，但生活相當艱苦，因此尋求政治權力以求改善。而政治人物為了擴大選票來源，積極改善工人處境，也使得工人階級在十九世紀後期獲得投票權。

【丙生】

①I→K、L→O、P

②(1)卡片I：新興市鎮工人階級生活環境惡劣，期盼資方或政府能有所作為，改善環境。

(2)卡片K、L：執政者通過法案，一是為了爭取新興城市更多的票數，因此改善了工作、生活環境。二是禁止童工現象，以及限制工作時數。

(3)卡片O、P：在上述情況下，於是逐漸出現資產階級持有執政權，進一步發展到中產階級也得到，最後普及至部分的工人階級。

【丁生】

①A、B→J→L

②因為新發明促使工業革命的發生。工業革命產生童工的問題。法律為保護童工而立法。

【戊生】

①N→O→P

②工業革命所造成的新富階級得到了參政權，同時也促使議員席位和立法權的重新分配。

不過，貧富差距的拉大導致社會主義的興起，也促使無產階級（工人階級）形成階級認同，進而使得政治人物必須尋求與這一個利益團體合作，最終促成英國往更為普及的民主政治邁進。

【己生】

①A、D→I

表5-1 評分標準

評分要項＼得分	3	2	1
卡片選取、排列，與說明內容符合情形	正確選取、排列，與內容說明符合	內容說明有提及，但相關卡片沒有明列	卡片的選取、排列，與內容無法對應
	甲	乙	丙、丁、戊、己
涵蓋工業革命的發展歷程	四組卡片至少用到三組	四組卡片用到兩組	歷程疏漏或未完成
	甲、乙、丙		丁、戊、己
推論的完整與嚴密程度	敘明因果，前後關聯緊密（加權 ×3）	敘明因果，但內容有疏漏（加權 ×2）	因果敘說不清楚
	甲、乙	丙、戊	丁、己

②

(1) 新的機器促成工業革命蓬勃發展，資本家投入大量資金開設工廠。

資本家為了賺更多的錢，一直把工資壓低，導致工人生活困苦，環境骯髒。

(2) 英國佔領最多殖民地，製造大量商品外銷，成為世界工廠。

資本家為了賺更多的錢，便不斷壓低工資，讓大部分的工人過著窮困的生活。

評分結果，甲生15分，乙生14分，丙生8分，丁生3分，戊生6分，己生3分。

甲生的回答，十分具體地符合題目的要求。

乙生沒有排列到卡片K，但在說明時，其實有使用到卡片K的內容。

丙生沒有排列到卡片J，但在說明卡片L時，其實是需要的。再者，卡片O與工人階級處境改善的關聯不大，不應該出現在排序中。

丁生的討論，中間有太多的疏漏，或者說內容的銜接過程跳得太快了，說明不清楚。譬如卡片B，就沒有好好運用來更清楚地說明工業革命發生的情形。而要說明卡片J，至少應使用到卡片C和I，比較能夠清楚說明工業革命造成的人口大量遷徙現象。

戊生的說明基本上沒有錯誤，關於「社會主義」的發展，也確實與工業革命中勞工處境的艱困與貧富差距的擴大息息相關，但是在十六張卡片中並未提及社會主義。戊生會得到較低的分數，是因為沒有依據題目的意涵，充分使用卡片上的資訊來回答問題，對於工業革命形成的歷史背景與問題產生的環節，尤其從卡片O發展到卡片P的過程，欠缺比較清楚、完整的處理。

己生的分數偏低，是因為從卡片A、D推論到卡片I，在概念上跳躍得太快，難以解釋。尤其使用卡片D來推論卡片I，無法成立。而且也不符合題目的要求，沒有處理政府權力的變遷。

透過這四組十六張卡片，以及六位學生答案的參照，相關的評分標準如二二七頁表格5-1所示。

如果要設法將大多數的卡片依照工業革命時期的經濟、社會、政治變遷，加以詳細地交代，以下是一種呈現方式：

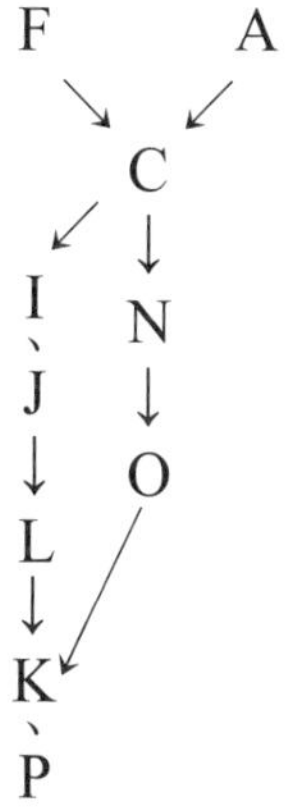

A（工業）和F（農業）促成C，之後的發展則分成兩個層面或階段進行。首先，在時序比較前面的是十九世紀前期，C、N、O。因工業革命而興起的富人和中產階級，爭取參政權，並促成一八三二年國會改革法案的通過。

其次，則是十九世紀中後期的發展，C、I、J、L、O、K、P。工業革命的發展造成勞工或一般人民的窮苦、工廠和都市環境的惡化，還出現童工問題，這些現象既激起人民的抗爭，也終於讓部分政治人物投入改革，同時在實質利益上便於爭取選票，結果一方面促成立法改善生活和工作環境，另一方面則使得愈來愈多的勞工在十九世紀後期獲得了選舉權。

這樣的呈現方式，最明顯的就是採取了「雙軸線」的標示，而其最重要的意義，應該是注意到工業革命的發展存在著「階級」問題，這個問題將當時的英國社會區分成至少是兩個部分，形成貧富的巨大差距。不過，後續的發展則是通過政治上的改革，相當程度地化解了階級之間的對立衝突，同時也逐步改善了勞工生活條件與工作待遇，還進一步讓勞工擁有參政權，可以直接影響政府的組成與政策的制訂。

簡單地說，只是關注資本家及中產階級，或者只是重視勞工，都只能掌握工業革命時期變遷的局部，唯有兼顧兩方，以及了解彼此之間的相互影響、交互作用，才稱得上針對工業革命進行了比較妥適的脈絡化思考。

關於「脈絡化思考」的練習，我們也可以自己來設計安排。除了上述的方式之外，第二種方式是羅列一些相關的概念或現象，然後設法加以串聯。以下仍以「工業革命」為例。

第一組重點：工業革命時期的科技和社會

紡紗機、織布機、棉花、軋棉機、黑奴、傭工、女工、童工、機器、失業、受傷、社會救濟、勞動安全、保險、參政權、煤鐵礦開採、蒸汽機

第二組重點：工業革命時期的汙染、疾病和立法

汙水、惡臭、霍亂、細菌、一八七五年公共健康法案、一八六七年國會改革法案、下水道、「寂靜的河道人」（1858）

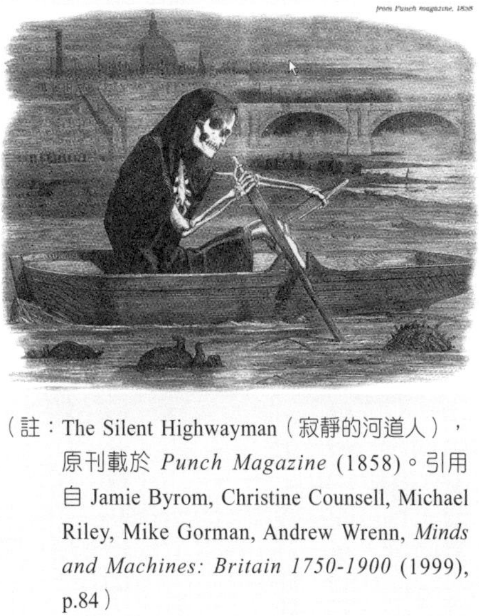

（註：The Silent Highwayman（寂靜的河道人），原刊載於 *Punch Magazine* (1858)。引用自 Jamie Byrom, Christine Counsell, Michael Riley, Mike Gorman, Andrew Wrenn, *Minds and Machines: Britain 1750-1900* (1999), p.84）

我們可以先各別將第一組、第二組重點加以連結，盡量把每一個重點涵蓋進來，在每一組的主題下（「科技和社會」、「汙染、疾病和立法」）進行統整。接著，我們還可以設法發現第一組、第二組重點之間的若干連結，加以串聯起來。

請試著寫下自己的思考歷程，寫的過程才能最有效地幫助自己思考，提升理解的品質，因此促成脈絡化的記憶，效果比死記硬背更好。

再來，我們還可以有第三種方式，就是嘗試著自己提出幾個問題。在知識的發展、創新的過程中，「解決」問題的能力固然重要，但「發現」問題的能力往往更重要。我們不必太在意自己提出來的問題好不好、有沒有價值，只要是自己動過腦筋，想到一個先前不曾發現的問題，這就是「創新」，百分之百對自己有實質意義的創新。

透過問題，等於就是找到切入一個主題核心內涵的途徑。

關於「工業革命」，可以提出來的問題還真不少：

1. 比起別的國家，英國具有哪些關鍵的條件？
2. 工業革命似乎沒有很明確的起始點，如果要找出一個開始的年代，應是何時？

理由為何？

3. 棉紡織技術的突破，似乎可以推導出與美國南北戰爭的關聯性？

4. 「工業革命」下的受害者，包括哪些人？只有英國的勞工嗎？

5. 裁縫過的衣服，可能的利潤通常比布料高出許多，為何工業革命當時的英國紡織業選擇外銷的商品卻是紗線、布匹，而非衣服？

6. 我們現在可以輕易地買到許多跨國進口而來的成衣，在十九世紀時，這種類型的紡織商品無法大量外銷，主要的限制是什麼？

7. 當英國的棉紡織品大舉向東方市場出口之後，在世界史的意義上，這應該就是促使東西方傳統貿易關係翻轉的「分水嶺」。我們可以這樣子認定嗎？理由為何？

為何一個問題，代表著一種看待現象、抓取重點的方法或途徑呢？

舉例來說，上述的第四個問題是在探究：由英國棉紡織業所帶動的工業革命，有哪些人因而受害呢？

關於這個問題，目前各家版本的歷史教科書幾乎都集中心力在探討英國悲苦的勞工，以及女工、童工的問題。但是，後面一個新追加的問題：「只有英國的勞工嗎？」

這就引發了許多的思考，於是我們可以發現，應該還有三類受害者需要注意：

首先是美國的原住民，白人為了增加棉花的產量，大量掠奪印地安人的土地。

其次是黑奴，棉花是促成十九世紀奴隸貿易興盛發展的一項關鍵因素。

再來就是亞非殖民地，機器紡織的布匹搭著「船堅炮利」大量傾銷，賺取龐大的貿易逆差。

關於亞非殖民地遭受英國棉紡織品的傾銷所蒙受的傷害，印度是首當其衝，因此在二十世紀初期，當甘地（Mohandas Karamchand Gandhi, 1869-1948）帶領印度人民以「不合作運動」抵制英國殖民統治時，當時最重要的一個行動就是甘地親自操作傳統的手工紡織機，呼籲人民響應，拒買英國紡織品。這項行動，果然激起全民熱烈支持。等到印度獨立建國時，在國旗的設計中融入一個重要的圖像，這個圖像既象徵「法輪」（真理與道德的文明傳統）、「願景」（二十四根軸線如同二十四小時永不停息），同時也代表了紡織機的紡輪（甘地的號召與全民的團結）。

圖5-2 印度國旗

以上的方式都是針對一個較小範圍的主題來進行思考練

習。除此之外，還有另外一種練習的方式則是自己製作圖表，尤其是跨越教科書的章節，將相關的內容彙整在一起。簡單地說，就是自己建構一個「長時段」、「跨區域」的理解，這是進行脈絡化思考的前置作業。在操作上，包含兩個步驟：

1. 將課本的重點，打破章節，以圖表方式彙整。
2. 可以每一次抓一個主題，自己講解一次，或者和同學輪流講解給對方聽，再相互討論、修正或補充。

譬如，我們可以把教科書中大約是西羅馬帝國滅亡之後，直到地理大發現時代來臨時，關於歐亞大陸上重要政治發展的課程重點，先全部整理成一個表格。這一段一千多年歐亞大陸的歷史相當複雜，而阿拉伯、蒙古、鄂圖曼土耳其的擴張對於歐亞大陸的交流和衝撞特別值得重視。

由於教科書的內容太多，一個表格實在塞不下，就先大致如下頁區分成兩大類，盡量要求自己在兩個基本的表格中涵蓋教科書的全部重點。考量到這段期間「伊斯蘭」的發展，無論在時間架構上或空間範圍上，對於歐亞大陸的影響都十分顯著，因此值得特別區分出來，製作成第二個表格加以探討。

表5-2 476之後（歐洲）

羅馬	70	羅馬鎮壓猶太人，2世紀起猶太人「大流散」（-1948）
	284	戴克里先，四權政治
	306	君士坦丁統一羅馬，營建東都（君士坦丁堡）。313基督教合法化，325召開尼西亞會議
	379	狄奧多西，定基督教為國教。395分帝國為二
	476	西羅馬滅亡

		教會、封建、莊園、行會、大學、瘟疫			**政教合一的拜占庭（395-1453）**
中古歐洲	486	法蘭克國王克洛維皈依羅馬公教	拜占庭	527	查士丁尼壯大國勢
	732	「鐵鎚」查理擊敗入侵的奧米亞軍隊		612	穆罕默德發展「伊斯蘭」信仰
	751	「矮子」丕平被教宗加冕為法蘭克國王		633	拜占庭開始受挫於阿拉伯人武力
	800	查理曼加冕為「羅馬人的皇帝」		8世紀	破壞聖像運動
	962	東法蘭克鄂圖一世成立神聖羅馬帝國		9世紀	傳教至斯拉夫地區
	987	西法蘭克成立卡佩王朝		1054	東西基督教會分裂
	1075	教宗和神聖羅馬帝國皇帝政教衝突		14世紀	鄂圖曼帝國圍攻君士坦丁堡
	1095	十字軍東征（-13世紀），開啟東西交流		1453	鄂圖曼攻陷君士坦丁堡
	1099	建立耶路撒冷王國（-1187）			
	12世紀	大學興起			
	1337	英法百年戰爭（-1453）			
	1348	黑死病爆發			

	文藝復興（14世紀～16世紀）、宗教改革、近代歐洲王權興起、地理大發現
1397	拜占庭學者在佛羅倫斯教授希臘文，開啟希臘文研究風潮
15世紀	北方文藝復興開始
1453	法國於百年戰爭中獲勝，英國和法國從此各自發展
1479	西班牙建國
1492	西班牙統一伊比利半島，哥倫布「發現新大陸」
1494	羅馬教會劃定教皇子午線，區隔西班牙和葡萄牙海上事業
1498	葡萄牙達伽馬抵達印度
1502	亞美利哥發現巴西
1513	葡萄牙人抵達澳門。1557獲明朝同意可以定居
1517	• 馬丁路德啟動宗教改革運動
1519	西班牙科提斯滅阿茲特克帝國
1533	西班牙皮薩羅滅印加帝國
1533	• 都鐸王朝（1485-1603）英王亨利八世與羅馬教會決裂
1534	• 羅耀拉成立耶穌會，改革羅馬公教
1536	• 喀爾文發表《基督教要義》
1582	• 耶穌會士利瑪竇抵達澳門
1588	英西戰爭，英國（伊莉莎白一世）擊敗西班牙無敵艦隊
1589	法國波旁王朝（1589-1792）建立
1618	三十年戰爭（-1648）
1619	荷蘭東印度公司總部設立於爪哇。殖民臺灣（1624-1662）

表5-3 伊斯蘭興起之後

<table>
<tr><td></td><td colspan="4">西元前6世紀，波斯瑣羅亞斯德教，印度耆那教、佛教，中國儒家，希臘泰利斯學派興盛</td></tr>
<tr><td>印度</td><td>45
320
9世紀</td><td colspan="3">釋迦牟尼（563-483B.C.）
孔雀王朝阿育王（273-232B.C.在位）派遣僧團向境外弘法
貴霜王朝（-250），大乘佛教興起、盛行
笈多王朝（-540），以傳統的吠陀、婆羅門信仰，結合耆那教、佛教而形成印度教
印度教成為印度本土的主流宗教，也構成一種生活方式（業報、輪迴、修行、積累功德）</td></tr>
<tr><td></td><td></td><td colspan="3">穆罕默德（570-632）</td></tr>
<tr><td>伊斯蘭</td><td>612
622
633
661
732
750
756
968
1055
1187</td><td colspan="3">穆罕默德公開傳教
聖遷（伊斯蘭曆法的起始）
初次重創拜占庭，攻占大馬士革、耶路撒冷、波斯、印度北部、埃及等（633-655）
奧米亞王朝（-750）
被法蘭克「鐵鎚」查理所阻，退回西班牙
阿拔斯王朝（-1258），控制西亞、中亞。9世紀末引進塞爾柱土耳其人為傭兵
後奧米亞王朝（-1031），控制西班牙
法蒂瑪王朝（-1171），控制北非
塞爾柱土耳其控制阿拔斯政權，1095羅馬教會發起十字軍東征（1099攻占耶路撒冷）
撒拉丁（滅法蒂瑪王朝）攻占耶路撒冷</td></tr>
<tr><td>蒙古</td><td>1206
1218
1235
1253
1271
1289
14世紀
1402
1405</td><td colspan="3">鐵木真獲「成吉思汗」尊號，建立蒙古汗國
第一次西征（-1223）
第二次西征（-1241），拔都征服俄羅斯，建立欽察汗國（1242-1502）
第三次西征（-1258），旭烈兀建立伊兒汗國（1256-1357），滅阿拔斯王朝（1258）
忽必烈建立元朝（1271-1368）
羅馬教宗派遣孟德高維諾來中國傳教，在大都、泉州成立教區
帖木兒（1336-1405）控制察合臺汗國，結束伊兒汗國分裂後的局面，擊敗欽察汗國
帖木兒大敗鄂圖曼土耳其帝國，決心攻擊明朝（明成祖發動「靖難」之變）
帖木兒死於遠征明朝途中，帝國分裂；鄭和艦隊下西洋（1405-1433）</td></tr>
<tr><td>鄂圖曼</td><td>1299
1356
1402
1453
16世紀</td><td>奧斯曼（1258-1326）崛起於安納托利亞地區
鄂圖曼帝國（-1922）
開始向歐洲擴張
被帖木兒擊敗，國勢中衰
滅亡拜占庭
蘇里曼一世（1520-1566在位），國勢極盛，為牽制哈布斯堡王朝與羅馬教廷，支持基督新教</td><td>印度及東南亞
7世紀
12世紀
12世紀
1526
1739
1858</td><td>佛教傳入中南半島、馬來西亞、印尼等
吳哥王朝（802-1432）印度教、佛教盛行
土耳其人攻進北印度，傳播伊斯蘭信仰
蒙兀兒帝國（-1858），伊斯蘭信仰興盛
波斯入侵，重創蒙兀兒帝國
英國東印度公司吞併蒙兀兒帝國</td></tr>
</table>

製作這種表格，最好是自己動手，把教科書前後翻閱，一邊讀，一邊用鉛筆來記錄重點，目的很具體，就是要製作一張表格。

等到表格製作好之後，再調整格式，然後在電腦上進行文書編輯。這樣的表格是自己動手製作的，因此十分具有親切感，而且絕對比坊間販賣的講義或重點整理還要實用。接著你還可以根據自己抓取的幾個主題，運用不同的顏色、記號、線條等，標示不同的主題類別。

在上述這兩個表格所涵蓋的時期之後，從十七世紀起，歐洲的勢力逐漸壯大，我們可以另外製作一至兩個表格，將十七至二十世紀的發展加以彙整，而主角恐怕就要轉變成歐洲帝國主義，尤其是英國了。

以上透過四種方式，提供可以進行「脈絡化思考」練習的可能。無論是哪一種，只要實地練習、實作之後，就可以將自己的思考脈絡化，建立屬於自己的學習心得文本，擁有屬於自己學習歷史的脈絡。

如果我們可以經由這四種方式，或者還有其他的可能，將所學「脈絡化」，我們就能夠讓理解加深、加廣，而且不僅不容易忘記，還可以透過一種相對關係的掌握而記住許多細節。就好比你自己的房間，或者家裡，即使半夜起床沒有開燈，還是可以輕易地辨識方位，找到自己要找的物品。

又或者進入一個已經離開一陣子的環境，瞬間，許多的回憶便很自然地擁上心頭。這就是「脈絡」的作用，包括了「脈絡化的記憶」，以及「脈絡化的理解」。一個自己熟悉的脈絡，就可以很自然地提供各種豐富的背景關係，或者做為一種重要的提示，引導我們進行正確的記憶，以及對於「意義」產生更加全面，但又細膩的理解。

兩種「理解」歷史脈絡的方式

前面一節提到「脈絡化思考」時，曾經把「脈絡」的意涵區分成兩個層面加以分析。如果我們把關注的焦點擺在「中學生如何掌握歷史教科書或其他相關文獻資料的意涵」，關於「脈絡」的兩層意涵，其實是很重要的，這可以轉變成以下的討論。

想要設法掌握某一個歷史人物、歷史事件，或歷史現象的重要內涵時，一位中學生應該怎麼做呢？以下有兩個工作值得努力實現：

1. 文本的理解：技巧在於「運用歷史知識進行閱讀理解」。

針對教科書、市面上已經發行的相關書籍，以及從網路或線上資料庫中查閱到的文獻等，進行閱讀理解。盡可能掌握多樣化的敘述形式（譬如語文、圖、表、繪畫、照片、音樂、影像等），仔細地比對各筆資料上下文的邏輯、不同資料之間觀點的異同，然後彙整各種敘述、評論的重點。當然，通常都會有讀不懂、想不通的問題，這也很重要，有時甚至比自以為已經懂了還重要。

在這樣的過程中，既需要充分運用已有的歷史知識，同時也在不知不覺中增長了自己的歷史知識與理解能力。

2. 歷史的理解：關鍵在於「設身處地認識過去」。

具體而言，第一件事情就是「盡量避免只用」現在的價值或規範進行評斷，純粹只用現在的觀點論斷過去，至多只是「思考」，永遠都不屬於「歷史思考」。

接下來，應該盡可能地注意到當時的時序、地理環境、政治或社會情境，以及人們的概念或價值觀等，而且要小心使用相關的歷史性名詞，了解這個用語底下所隱藏的觀點或評價。

「脈絡化思考」首先是掌握對於文本的理解，但就歷史學習而言，更重要的是進一步掌握歷史的理解。

文本的上下文，或者歷史的情境，其實都具有「脈絡」，因此我們自然不可以「斷章取義」、「自以為是」，應該要設法進行一種脈絡化的理解，以便掌握上下文的意義，或者歷史情境的意義。

由於我們已經無法回到歷史現場，跟相關的歷史人物有所互動，因此，進行「歷史的理解」總是必須經由進行「文本的理解」來完成。換句話說，文本閱讀理解能力比較理想的人，將會比較容易進行歷史的理解。如果針對某一個歷史課題而能夠具有比較充分、深入的歷史知識，確實會比較容易「融入」當時的情境之中。

但是，當我們能夠設身處地進行對於「過去」的認識時，我們到底要認識多少？可以想像的是，「過去」一定有一大堆東西，我們總不能什麼都要！

那我們應該優先要什麼呢？

1. 在一大堆複雜的資訊之中，挑選出具有「重要性」（Significance）的史實（包含人物、地點、事件等），確認其彼此的關聯性，以及先後的因果關係。當然，我們應該將「為何如此挑選及編排」的理由，提出適切的說明。

2. 在一個比較長的時序之中，擇取與評估某一重大的史實（包含人物、地點、事件等），並闡述其在歷史上與當代的「重要性」。

上述這兩個要項，其實只有一個關鍵詞：「重要性」。「重要性」真的很特別，因為它是連結歷史與當代，或者過去和現在的樞紐。換言之，在一個歷史理解的行動中，就是要在一個較長的時序中，以及與現在有所連結的關注下，確認出史實的「重要性」，既能成為理解「過去」的關鍵，同時也是認知「現在」的參考，因而「重要性」就如同是溝通歷史與當代的橋樑了。

關於文本的理解，這比較屬於「閱讀能力」的培養，國文（以及英文、第二外語）是重要科目，但並無法提供一切的協助，還需要有大量的閱讀，涵蓋各種不同主題、學科背景的大量閱讀，以及必要的精讀練習。

至於歷史的理解，往往涉及當時不同當事人的知覺或行動，以及後人的議論，甚至我們在閱讀和思考時也可能參上一腳，有意無意間加入自己的想法，所以就更複雜了。

我們能夠盡量努力的，就是在每一個歷史課題的探究時，都設法從許多不同的觀點、層面加以認知。彙整所能掌握的各種資料和觀點之後，依據每個人自己的了解、判斷而加以評價。但是，另一個重點是我們要盡量保持開放，認真地理解不同的觀點，隨時準備吸收別人的觀點或者有用的資料，或者修改自己的觀點、讓自己手上的資料（證據）更完備。

> 反思：「脈絡化理解」是歷史學習或歷史思考時專有的嗎？還是說，這本來就是一種「一般性、日常性」的必要能力？

關於「歷史理解」，一般都會相當強調「設身處地的理解」，甚至經常直接等同於「神入」（empathy），指設身處地，進入人物（或人們）的心中，試圖窺見、洞察其內心的活動。

這應該是人類認知活動最為高階的能力之一，而且在學術上也是一個相當複雜的哲學問題，有一門學問叫做「詮釋學」（Hermeneutics），就是專門在處理這個課題。

> 反思：Hermeneutics 這個字，來自於 Hermes，是古希臘神話中很有名氣的神。但祂為何和「詮釋」有關呢？查一查祂的本事。

在中學學習歷史，特別是關於歷史理解的練習，首要的工作應該是先抓「大」，這包括兩個面向，一是時段長，二是觀點多元。「大」，就是要建立一種概觀式的理解。其次則是「聚焦」，也就是進行分析歸納，凝聚一個精簡的、有層次、有具體重點的整體架構。

在這樣的學習中，我們所需要的理解活動其實包含兩種，一個是拓展式的理解，另一個是深掘式的理解。

拓展式的理解，可以用 Comprehension 來指稱，這個字通常帶有全面、詳盡、包含、廣泛的意思；譬如說「綜合中學」，其英文名稱就是 comprehensive high school。拓展式的理解即是包含多樣觀點、兼容並蓄的理解。在歷史學習中，我們應該盡力呈現當時人們的不同觀點，或者採用後人不同的解釋觀點，但要設法加以統整，而不能只是零散放置，或機械式地排列而已。

另一個是深掘式的理解，可以用 Understanding 來指稱，這個字通常帶有打聽、揣摩、關切，甚至是不言可喻、盡在不言中的意思。under 本來就具有在下方、底層的意思，這提醒了我們應該涉入表象之下的內容、情感或者邏輯等。深掘式的理解即在於洞察事件或人物行動背後較為深層的原因或者意義，這是一種設身處地或闡幽發微的理解，既有分析，也有歸納。至於在「神入」的努力下，有些人認為我們可以進入當時人物或人們內心深處而「如實地存在」，相信「此心同，此理同」。這其實是很具爭議性的看法，至少在中學歷史課上不必成為學習的目標，嚴格來講，對於「過去」，我們通常只能設法「貼近」，難以「重現」。

以上這兩種理解的方式共同構成「歷史理解」的運作基礎，好讓我們既能在一個較長時段中掌握概觀式的意義，建立一個整體架構（大脈絡），同時也能讓我們進行一種專題式的理解，聚焦在歷史發展的關鍵處（較小的脈絡）。

以下針對這兩種理解歷史脈絡的方式，還是以「工業革命」為題，分別舉例說明。

Comprehension：呈現當時人們不同觀點，或採用後人不同觀點，進行多元理解。關於呈現當時人們不同的觀點，請參考前文，譬如針對三種「社會主義」的討論。以下則提供我們現在的多樣觀點。

十四世紀進入小冰河期之後，趨於寒冷的氣候導致饑荒，再加上黑死病（Black Death），以及像英法百年戰爭（Hundred Years' War, 1337-1453）這樣的大規模衝突，使得歐洲人口大量死亡，倖存者變得疑神疑鬼，除了進行暴動攻擊貴族、地主之外，也開始為這一切的苦難找尋原因，造成猶太人、流浪漢、異鄉人（stranger）淪為「替罪羔羊」，時常遭受攻擊，而且在十五、十六世紀還發展出瘋狂的獵巫運動（witch-hunt）。

大家應該相當熟悉的「聖女貞德」（Jeanne d'Arc, 1412-1431），其年代就在英法百年戰爭後期，一四三一年她被英軍逮捕，最後被認定是女巫，在五月三十日慘遭火刑處死。

另一方面，小冰河期所帶來的氣候壓力，也是促成社會制度改革與技術創新的一種關鍵力量。在漸趨寒冷的氣候壓力之下，小農耕作的生產效率或收成已經難以滿足需求，於是迫使人們必須設法變革。

十五、十六世紀的農業革命是以「圈地運動」（enclosure）這種土地利用制度的變革發起，先出現於低地國，十六世紀傳播到英國，加上大幅減少已栽種數千年的小麥，改種比較耐寒的蕎麥、蕪菁、苜蓿等新作物，同時增加肥料的使用，積極改進排水、灌溉設施，使得人類及牲口所需的食物有了比較穩定的供應，尤其十七世紀以後，可以從北美殖民地進口糧食，發生饑荒的風險大為降低。

圈地運動將鄰近土地擴大整併，集中管理與使用，而且也有許多圈地由農地轉變為牧場，追求較高的生產利潤。英國在一七八〇年代能夠發展出工業革命，圈地運動具有相當重要的支持作用，其影響至少表現在三個部分：

一、在工業革命前夕，英國的穀物及牲口已經可以供應民生需求無虞。

二、羊毛產量充裕，確保紡織業所需重要原料的穩定來源。

三、這場農業革命造成鄉村的剩餘人口增加，迫使許多人得離鄉背井，而新興的紡織工廠提供了工作機會。

另一方面，法國在十七世紀之後並沒有如同低地國、英國的規模來發展圈地制度，這可能與天主教會強力譴責、抵制圈地運動有關，也應該與法國農牧生產沒有如同英國一般發展出高度的資本化有關。總而言之，法國饑荒問題日益嚴重，舊制度（Ancien Régime）的積弊已經累積龐大民怨，國家財政瀕臨崩潰，再加上十八世紀啟蒙運動的發展，這便為法國大革命的爆發創造出有利的環境。而一七八八年熱浪和乾旱襲擊，導致農作物歉收、糧價飆升，麵包消費佔一般人民日常收入的比重激增至八八％以上，這應該就是引燃一七八九年大革命的「導火線」。

Understanding：洞察事件或人物行動背後較為深層的原因或意義之理解。關於洞察較為深層的原因或意義的「分析」工作，請參考前文，譬如英國工業革命面臨「困境和改革」的討論。以下則提供屬於「歸納」的工作。

若以發生的順序來看，英國在十七世紀之後先是由「農業革命」奠立基礎，支持大約在一七八〇年代啟動的「工業革命」。此後，蒸汽機躍上歷史舞台，為工業革命的加速發展提供技術性的支持，既推動紡織產能的擴張，也促使焦炭、煉鐵產業的興盛，並逐步打造出一個以鋼鐵器械為基礎的現代工業。此外，蒸汽機在一八一〇年代也促成交通革命，出現汽船（逐漸取代帆船）和鐵路（逐漸取代馬車和運河），從此，將人和原料、商品輸往遠方的方式更為便捷、可靠，成本也較為低廉，這便使得遷徙和旅行、貿易和金融活動更加容易，人們心目中的「世界」開始縮小，相互影響和相互依存逐漸明顯。

當然，工業革命導致貧富差距日益擴大，底層民眾生活艱困，這便為一八二〇年代之後社會主義的蓬勃發展，提供了充分的歷史條件。

從以上種種討論，可以歸納出「工業革命」至少具有三種特性：

一、環環相扣：科技、產業、社會之間交互影響。

二、難以止息：可以視為一種「自動化」進展，不斷加速、加深、加廣。

三、型態躍遷：在累積足夠的規模及動能之後，將出現突破性的進化與創新。

關於第三個特性，最簡單的了解方式就是在探究「工業革命」的歷史時，學者們往往會區分出第一次、第二次、第三次……這個歷史分期，是以新科技的誕生當作指標。以下，就以第一次、第二次工業革命來說明。

第一次工業革命時期，大約是一七八〇年代至一八六〇年代，以「蒸汽機」的大規模應用為代表，「鐵路運輸」的發明則是最具革命性的指標。在這個時期，儘管歐洲各地和北美的工業發展也有所成就，但英國是一枝獨秀，遙遙領先。

第二次工業革命始自一八七〇年代，至於何時告一段落，倒是有不同的看法，比較常見的分期是一九四〇年代。在這年代之前的第二次工業革命，是以「電力」的大規模應用為代表，「電燈」的發明為最具革命性的指標。在這一波的發展中，英國逐漸被美國和德國趕上，優勢已經不再。

至於一九四〇年代之後的第三次工業革命，大規模應用了原子能和電腦（數位化），給人類社會與環境生態帶來了十分巨大的改變。

蒸汽機（燃煤）、電力技術（燃煤、石油）、原子能（核子燃料），這三種科技的型態是大不相同的，但彼此的關聯性透露出「能源」科技顯然是工業革命得以源源不絕往前擴展的關鍵因素。

為了加深大家的印象，我們來看一個英文字。Industry 的意思，既是「工業、產業」，同時也是「勤勞」，但兩層意涵的形容詞則不同，industrial 是「工業的、產業的」，industrious 是「勤勉的、刻苦的」。

在工業革命剛開始時，有許多人預言人們的生活將會因為機器取代人工，而從勞動中釋放出來，因此享有更多的空閒。結果，兩百三十多年過去了，沒錯，我們確實創造了「休閒」、「假期」、「大眾旅遊」等機制與產業，但現代工業社會中的生活卻是更為匆忙，甚至是勞苦的。住慣花蓮、臺東的人對於臺北生活步調的快速十分不適應，而臺北人到了香港、東京，或紐約，對於路上行人步伐的急促，則萬般驚訝。這些差異，能否做為判斷一個地方「進步」的指標呢？這是一個可以引發許多討論的議題，而且恐怕有不少人會開始質問，何謂「進步」？

關於「工業、產業」和「勤勉、勞苦」的糾葛，或許在 Industry 的兩層意涵中，早已經透露了端倪。

目前的歷史教科書或課堂教學最為人所詬病的問題之一，在於總是呈現單一觀點，以及欠缺脈絡的一大堆細節、重點，這便很容易讓學生產生「過去就是如此存在、這是唯一事實」的假象，以及「只能下苦功死背，別無他法」的誤解。其實，要改善這個問題，入手處沒有想像中困難。只要我們的歷史教科書，以及歷史課堂的教學能夠進行 Comprehension、Understanding 這樣的呈現與引導，只需在每個單元（大約一至二週的進度）中一、兩個關鍵處安排對比討論、分析歸納的練習，整個教和學的狀況就能夠大幅改善。

主要參考／建議閱讀的書籍：

Ansary, T. 著，廖素珊譯，《被發明的昨日：人類五萬年歷史的衝突與連結》。新北市：廣場，2021。

Byrom, J., Counsell, C., Riley, M., Gorman, M., Wrenn, A. (1999). *Minds and Machines: Britain 1750-1900.* Essex: Pearson.

Darwin, J. 著，黃中憲譯，《未竟的帝國：英國的全球擴張》。臺北市：麥田，2015。

Hanes, W. T. III & Sanello F. 著，周輝榮譯，《鴉片戰爭：一個帝國的沉迷和另一個帝國的墮落》。北京市：三聯，2005。

Hobsbawm, E. J. E. 著，王章輝等譯，《革命的年代：1789-1848》。臺北市：麥田，1997。

Hobsbawm, E. J. E. 著，林宏濤、黃煜文譯，《如何改變世界——馬克思與馬克思主義，回顧、反思，與前瞻》。臺北市：麥田，2014。

Hobsbawm, E. J. E. 著，張曉華等譯，《資本的年代：1848-1875》。臺北市：麥田，1997。

Kotkin, J. 著，謝佩妏譯，《城市的歷史》。臺北市：左岸文化，2006。

Laws, B. 著，王建鎧譯，《改變歷史的50種植物》。臺北市：積木文化，2014。

Mintz, S. W. 著，李祐寧譯，《甜與權力：糖——改變世界體系運轉的關鍵樞紐》。新北市：大牌，2020。

Mishra, P. 著，黃中憲譯，《從帝國廢墟中崛起：從梁啟超到泰戈爾，喚醒亞洲與改變世界》。臺北市：聯經，2013。

Morris, I. 著，潘勛、楊明暐、諶悠文、侯秀琴譯，《西方憑什麼：五萬年人類大歷史，破解中國落後之謎》。臺北市：雅言，2015。

Rivoli, P. 著，洪世民譯，《一件T恤的全球經濟之旅》。臺北市：寶鼎，2006。

Sallmann, J.-M. 著，馬振騁譯，《女巫：撒旦的情人》。臺北市：時報文化，1998。

Thompson, E. P. 著，賈士蘅譯，《英國工人階級的形成》（上、下）。臺北市：麥田，2001。

北川稔著，陳惠文譯，《砂糖的世界史》。臺北市：玉山社，2005。

角山榮著，王淑華譯，《茶的世界史：文化與商品的東西交流》。臺北市：玉山社，2004。

林慈淑著，《歷史要教什麼？——英、美歷史教育的爭議》。臺北市：臺灣學生，2010。

陳柔縉著，《臺灣西方文明初體驗》。臺北市：麥田，2005。

第6章 原來歷史這樣學

前面關於「脈絡化思考」，或者「歷史理解」的探討，是屬於比較生硬的內容，可能需要多讀兩遍，幾個人討論一番，或者向歷史老師請教，才能夠更加了解。

以下，還是延續關於「脈絡化思考」，或者「歷史理解」的探討，但換個角度來說明，並嘗試彙整「學好歷史」的一些訣竅。

瞎子摸象

「瞎子摸象」的故事是大家很熟悉的，大概的情節是：仁慈而慷慨的國王答應瞎子們，滿足他們想要認識大象的好奇，於是命人牽來了一頭大象。但因為大象實在太大了，瞎子們有的只摸到大象的鼻子，有的摸到了大象的耳朵，有的摸到了大象的牙齒，有的摸到了大象的身子，有的摸到了大象的腿，還有的抓住了大象的尾巴。每一位瞎子都以為自己摸到的，就是大象全部的身體。

等到國王問他們是否已經明白大象長什麼樣子時，瞎子們異口同聲說，已經知道了。國王很高興，就請他們說說自己的發現。

結果，摸到象鼻子的人說，大象像一根管子；摸到象耳朵的人說，大象像一把扇子；摸到象牙的人說，大象像一根大蘿蔔；摸到象肚子的人則說，大象就像一堵牆；摸到象腿的人認為，大象像一根柱子；至於抓到象尾巴的人則說，大象就像一條繩子。

瞎子們彼此都認為其他人錯了，堅持己見，誰也不服誰，就這樣吵個沒完沒了。

「瞎子摸象」是一則寓言，我們看來或許覺得好笑，但既然是寓言，這個故事想要表達的道理是什麼呢？

簡單地說，可以分析成三個重點：

1. 每一個人、事、物往往都有許多的面向、而我們在試圖了解的過程中，通常很難「面面俱到」。

2. 不過，這也提醒了我們，在試圖了解人、事、物的過程中，一定要設法努力地從多個角度、多個方面來考察，才有可能得到比較接近全貌的了解。

3. 由於我們往往無法掌握全貌，因此不能太直截了當地堅持自己已經完全明白了，應該先聽聽別人的看法，嘗試著從他們的「觀點」也來看一遍，或許就會有新的發現。如果我們想要得到比較接近全貌的了解，這是另一個好方法。

再更簡單地說，如果我們沒有具備上述的態度，或者方法，只習慣以片面的了解來看待每一個人、事、物，並且，還堅持自己知道的就是全部，「瞎子摸象」這則寓言其實已經「預言」：這才是真正的「瞎子」。真的很瞎！

「瞎子摸象」裡頭，大家的看法顯然是互補的，而非互斥的，只要集合他們的看法，再加以整合，應該就可以更接近全貌。不過，在我們的日常生活經驗中，事情往往沒那麼簡單。

如果是互斥的看法，該怎麼處理呢？這就得面臨取捨的問題。通常的做法，大概有兩種：

1. 彼此檢視支持雙方看法的證據，或者邏輯，看看哪一邊的證據比較明確，或者哪一邊的邏輯比較嚴謹、有道理。

2. 設法找到跟原來雙方的資料來源都沒有牽扯的新資料，或者比較公正客觀的第三人，聽聽他的見解，方便我們判斷應支持原來的哪一種看法，或者該如何取捨。

萬一，還是難以判斷呢？那就不應該勉強，暫時不做判斷，等待以後有新的證據，或者更具有說服力的觀點出現，再做判斷。而當下能做的，就是先把兩邊的看法平衡地呈現、說明不同看法的優缺點、利弊得失。

當然，大家還有另一種做法，就是「表決」。這是民主社會常常使用的方式，因為可能沒辦法再等下去，必須趕快做出決定。

必須強調的是，「表決」往往是最不得已的辦法，這種「數人頭」的方式只比大家爭吵、衝突、「打破頭」的方式高明一些。想一想，瞎子們針對「大象應該長什麼樣子」的爭執，能夠用「表決」來確定嗎？如果主張「大象像一根大蘿蔔」的人放棄自己的看法，轉而支持「大象像一根管子」的看法，於是獲得了相對多數，所以他們就可以很有民主風度地確定，「好吧，那大象只好像一根管子囉。」這是多麼奇怪的結論啊！

接下來，我們把討論的層次拉高。

人不是神，人不曾擁有神一般的「全視界」。不過，有趣的是，人始終期待自己能夠如神一般的全方位觀看，所以才會出現建立 theory 的「意圖」。

我們通常把 theory 這個字翻譯為「理論」，但如果大家注意到其字首 theo- 的意涵，指的就是「神（學）的」，便可以知道「理論」的建構者原來可是企圖要建立一個放諸四海皆準、全知全能般的原理原則。

這樣的企圖、自許，在「科學革命」到「啟蒙運動」時期達到高峰，甚至當時不少知識菁英已經認定，人在追求「全知全能」上的努力已經大有所成，或者至少已經指日可待。直到十九世紀末、二十世紀初期，特別是現代物理學的發展，才逐漸讓這個偉大的意圖「幻滅」，或者終於認清現實。

人不可能擁有「全視界」、全知全能，那麼退而求其次，人可不可能沒有偏見、偏聽，免於主觀價值或情感的左右，而以一種純然、超越的理性客觀來進行認知與判斷呢？不幸地，這個「退而求其次」也難以實踐。

人生在世，身心狀況、性別、族群、階級、年齡、生長區域、重要他人

（Significant other）、時代、文化傳統，乃至曾經發生的某個事件等，都極有可能影響了我們的知覺、情感、觀念、習慣、價值取向，成為待人接物處世的依據。而關於這樣的「依據」，我們經常是習以為常、不假思索了。

「瞎子摸象」的故事，前半段「摸象」的部分，就是在隱喻人不可能全知全能，而後半段瞎子們各執一「見」的爭議，則在提示人總是受到先前經驗的遮蔽，以至於盲目、昧於事實。

如此一來，那該怎麼辦呢？

可能的解套方式就是維持「多元」，並且一定要保持「對話」，進行「溝通」。community這個字很有意思，一般我們翻譯成「社區」、「社群」，或者「共同體」，另一個相關的字則是communicating，我們通常翻譯成「溝通」。換句話說，想要成為社區、社群、共同體，「溝通」顯然是要件。如果欠缺溝通，就不可能形成社區、社群或共同體。

另一方面，我們可以邏輯地推論，為何需要溝通呢？很自然地，就是因為我們的意見、觀點經常是不同的，所以才需要對話和溝通。如果彼此的意見、觀點完全相同，對話和溝通的必要性應該就不高了。

俗話說，一樣米養百樣人，這個世界充滿差異，而差異並非壞事。如果我們可以尊重多元，並且在一些彼此關切的部分進行對話、溝通，即使最後沒有達成百分之百的共識，但在過程中，一個「社區」、「社群」，或者「共同體」已經形成。

瞎子們如果可以分享各自的發現，並且彙整出一個「全象」，其實原來每個人的「視界」並沒有消失，反而因此都擴大了，這不是更好嗎？

系統性思考

人要掌握「全象」，相當不容易。面對這樣的情形，或者人的「侷限」，所以我們得隨時保持謙虛，不要立刻否定別人的觀點，要先設法了解對方的想法。另一方面，我們當然得要努力，好讓自己不會一直是一知半解，雖然掌握「全象」不容易，但我們還是有方法可以「貼近」的。

接下來，就舉一個例子，看人家是怎麼設法掌握「全象」，從中獲得重大成就的。

十八世紀後期開始的工業革命，我們稱之為「第一次」，主要是以煤炭和蒸汽發動。十九世紀末、二十世紀初啟動的「第二次」工業革命，除了原來的煤炭之外，還加上了石油，並且是以電力帶動。於是，一個大量製造、大量消費，由科技、市場和金融所帶動的「新」資本主義時代正式來臨。

在第二次工業革命初期，有一項相當重要的科技發明值得注意，那就是電燈，發明人是愛迪生（Thomas Alva Edison, 1847-1931）。

許多人應該都聽過愛迪生發明電燈的過程，大概的情形是：為了找到理想的燈絲，愛迪生前前後後不眠不休試驗了上千種材質。雖然辛苦，但他相信，「天才是一分的天分，加上九十九分的後天努力。」因此鍥而不捨，瘋狂地嘗試錯誤，最後，皇天不負苦心人，終於讓他找到最佳材質！

然而，實際的故事才沒這麼簡單！愛迪生是很努力，但他絕不是這樣子蠻幹，隨機找材料，依靠運氣解決問題。

針對愛迪生在十九世紀後期的辛勤工作，湯瑪斯．休斯（Thomas P. Hughes）進行了歷史研究。在目前所掌握的愛迪生工作筆記中，休斯發現在一八七〇年代，愛迪生花了很多時間在做一件事情：分析能夠供應一萬個電燈所需電力的發電廠，到底需要多少成本、可以獲得多少營收。

愛迪生沒有空想，他利用實驗及手邊的文獻研究推估，一馬力的蒸汽引擎及發電機約可以供應八個十六燭光的白熾燈泡，因此供應一萬個電燈至少需要一二〇〇匹馬力。接著，愛迪生及其夥伴仔細計算建築電廠的種種開銷，以及營運之後的人力需求所要支付的工資、燃煤等原物料成本等，最後得出每年需支應的總成本為四五九八九美元。

至於預估的收入方面，愛迪生及夥伴們是以一萬個電燈每天開五小時的規模，來核算「對手」——當時日常使用的煤氣燈成本。他們已先掌握在這樣的規模中，煤氣燈公司的年營收是一三六八七五美元，若比照如此的收費，愛迪生的電廠將會有九〇八八六美元的利潤。

因為經過這般細密的成本分析，愛迪生知道，在投資電廠設施的硬體項目中，花在銅質管線上的成本是最昂貴的。如果要控制這部分的成本，關鍵有二：

1. 縮短電線的總長度，因此電廠最好設在人口密集區。
2. 縮小電線的截面積，因此電線如果愈細，使用的銅自然就愈少。

然而，如果縮小電線的截面積，將使得通過的電流也跟著變小，這將沒有足夠的電力點亮一萬個電燈。怎麼辦呢？沒受過什麼正規教育的愛迪生透過自修，發現可以使用焦耳定律來推算、解決問題。焦耳定律是在一八四〇年代發現、推導出來的，而愛迪生做了實際的運用。

愛迪生運用焦耳定律（熱或能量＝電流平方×電阻＝電壓×電流）推估，知道為了降低銅的開銷，應該縮小銅線的截面積，但付出的代價是必須降低電流，補救之道則是提高電壓，以便維持送達電燈的能量。

愛迪生接著借助歐姆定律（電阻＝電壓／電流）的導入，於是發現，增加白熾燈絲的電阻，將可以解套。

所以，愛迪生在找尋理想的燈絲材質時，並非如無頭蒼蠅一般地瞎忙，並且與當時的競爭者積極測試低電阻材質大不相同，他反其道而行，目標鎖定高電阻的燈絲。

非常有趣的是，愛迪生思考的關鍵主要不是科技，而是市場。換言之，他的工作重點，是基於市場競爭與成本營收分析的邏輯推演所得到的結論，決定了整個技術研發的走向。

在一番努力之後，愛迪生最後確認他的系統規格，套用今天的術語來說，就是：燈絲電阻設定為一百歐姆，燈絲功率應該是一百瓦，所以電流應是一安培，電壓應是一百伏特。

除了理工人才之外，愛迪生也重用法律、貿易、財金專長的人才，為他爭取投資夥伴，獲得充足的資金。同時經過評估，決定將電廠及照明系統就設置於紐約市區。

為了盡快獲得市政府的許可證，愛迪生及他的事業夥伴為市長與市府官員安排了一場愛迪生照明公司的參觀，時間特地選在傍晚，當參觀行程告一段落後，就在暮色中，參觀團被帶到漆黑的實驗室二樓，一瞬間燈火通明，大家見識到電燈的光亮，也看到房間裡已經準備了款待貴賓的美酒佳餚。晚宴中，市長及官員們充分了解整個計畫，不久之後，許可證便到手了。假如沒有許可證，沒有政策和法令的支持，先前一切的努力全都可能白費。

反思：在上述關於愛迪生發明電燈的探討中，湯瑪斯・休斯如何進行歷史的理解？而我們從這樣的上下文內容，可以歸納出愛迪生的成功應該具備了哪些要件，或者能力？

從以上的探討中，我們應該要放棄「愛迪生到處隨機找材料測試」這樣的想像，他其實是「謀定而後動」的。而且，愛迪生顯然不只是一個「發明家」而已，他的本事比這還高強太多了。

精準地說，愛迪生是一位擅長運用「系統式問題解決法」（systematic approach to problem solving）的高手，才華洋溢。同時，他能夠聽取別人的意見，彙整大家的智慧，顯然是一位優秀的團隊工作者，與領導者。

愛迪生實際發明的，也不只是電燈，他真正的成就是打造出一個「系統」，涵蓋電廠、線路、電燈，直到消費者的使用需求，並且結合了政府的相關法令與制度。

當然，愛迪生所建立的系統，以及其中的環節、配件等，後來又被其他人做了許多的改進，我們現在運作中的系統比十九世紀後期進步、完善多了。

不過，這是最終的系統嗎？應該還不是。但就方法而言，愛迪生示範的「系統性思考」，或者「系統式問題解決法」，有助於貼近「全象」，有效降低成本和犯錯的風險，則始終是獲取成功的關鍵所在。

學好歷史的訣竅

「瞎子摸象」的啟示在於：不同觀點是存在的，尊重多元是必要的，唯有透過溝通、和他人合作，尋求一種脈絡化的理解，才有可能得到「全象」。

而「愛迪生發明電燈」的啟示，也相當類似，唯有設法從一個比較整體的方向，努力掌握各個相關的環節，進行一種「系統性」的思考與問題解決方式，我們才可能「合理且可行地」發現答案、解決問題。

如果就「學好歷史」這件事情來說，前面這兩個啟示，差不多已經把必要的「態度」和「方法」都交代了。

由於「方法」通常是由「態度」所決定的，但「方法」比較具體，因此以下就針對「方法」來討論，從方法的掌握中逆推回去，體會和實踐學習歷史應有的態度。

首先，我們來看看「一般方法」。

每一年總有許多學生在重要考試中表現十分突出，除了極少數是平時打混，但考試時突然有一個很奇妙的「考運」之外，幾乎所有的優秀學生在平日學習當中都是十分認真用功的，而且涉獵甚廣，不會只是死抱著教科書或考卷不放。如果去請教他們為何可以把書讀得這麼好（多數人不倚靠補習），坦白說，多年下來所得到的答案都沒有讓人覺得驚奇。這個訣竅，根本是老生常談，不外乎：

1. 課前預習，隨手做筆記。

2. 課堂中認真參與，隨手做筆記。
3. 課後復習，隨手做筆記。

說穿了，這個「訣竅」根本不值錢，而且應該在讀小學時就已經知道了，所以非常「普通」，並不困難，難是難在「恆心」、「專心」。

應該要提醒的是，「隨手做筆記」是一個方法上的關鍵。從預習、上課參與，直到複習，是由「隨手做筆記」所發動、串聯、統整的。其實，「隨手做筆記」就是在進行「脈絡化」的思考與理解，避免自己空想。在筆記中，自己會慢慢發展出一些記號、圖表，以及重點提示的獨到方法。而且，把筆記做好，將會是一種很重要的「自我回饋」、「自我酬賞」的方式，讓自己的學習形成一種緊密而且充滿意義的脈絡，在這種情形下所建立起來的學習信心和熱情，那可是相當堅強的、踏實的。

於是，這樣的學生在學習中也充滿快樂。

我們應該記住一個關於「學習」的道理，學習的樂趣並非因為 easy，而是來自於 eager。上述的「訣竅」，其實就是維持熱情和專注，學習之樂，便在其中。

其次，在具備「一般方法」的基礎上，我們來討論專門針對學好歷史的「特殊方法」。這個特殊方法，具體而言，就是前文利用工業革命當例子，多方分析、討論、建議的「脈絡化思考／理解」。

在進一步彙整本書前面提到的許多內容和觀念，分析歸納「脈絡化思考／理解」前，我們應該就何謂「歷史」，以及「歷史」如何書寫出來，先做一點討論。換言之，想要學好歷史，得先要知道兩個再明白不過的「事實」：

1. 歷史，是把曾經發生過的事情加以「時間化」的整理，但這不是只有年代的排列，或者事實的記錄而已。
2. 歷史，永遠有取捨、揀選的，而所有的取捨、揀選，都是有動機，或者有目的的。

這樣說，好像很難，舉個例子來看好了。

如果小明在暑假時，想報名參加兩個營隊，一個營隊是關於自然探索的活動，另一個營隊主要是鄉土史地考察。兩個營隊都提供五個獎勵名額，可以免費參加，但都要求必須寫六百字的簡要自傳，並檢附過去五年來的相關資料來證明。評審就是根據報名者的自傳內容和證明的資料，決定獎勵的人選。

假設小明找了一位好朋友來一起報名，他們在準備自傳，和證明文件時，卻有不同的看法。以下的情形，我們來想一想，誰的看法比較有道理。

1. 小明認為，「我就是我」，就是同一個人嘛，所以自傳應該只有一個版本，雖然參加的營隊性質不同，但兩篇自傳應該是一樣的，寫一份就好。

朋友卻主張，雖然「我」是同一個人沒錯，但是兩個營隊屬性不同，因此應該分別針對營隊的屬性加以呈現自己的學習經驗和心得，自傳應該寫兩份，有一部分內容可以共用，但其他部分的內容應該是不同的。

2. 小明認為，六百字的要求太嚴苛，自己過去參加了許多活動，而且熱愛學習，又獲得不少的獎狀，這些東西應該都要寫上去，六百字根本不夠，實在傷腦筋，如果能夠放寬到兩千字才差不多。

朋友在寫自傳時，也一樣傷腦筋，但他的困難是，如何在六百字的篇幅中，根據營隊屬性，選出具有代表性的學習經驗和心得，並且把自己持續努力的過程呈現出來。

如果你是評審，你會希望看到小明精采豐富的兩千字自傳，或是朋友精簡適切的六百字自傳？誰比較有可能讓其中一個營隊，甚至兩個營隊都錄取？

根據我自己過去指導學生的經驗，小明的朋友在寫作自傳上的觀念才是正確的。而寫自傳，其實就是在寫自己過去的「歷史」。

一篇理想的自傳，就是根據你希望留給對方印象深刻的特質，或者歷練、成績等，從自己過去做過的事情當中選出最具有代表性的部分，然後把這些內容「時間化」，鋪陳動機、目標、過程、結果、心得等，並且提供一種未來的期待或承諾，希望能夠獲得對方的接納，相對提供給你需要的資源，或者機會。

簡單地說，寫自傳，是在「目前」的基礎上，放眼對於「未來」的期待，然後從自己「過去」的經驗中，「揀選」出適切的部分加以呈現。

歷史，其實就是在「目前」、「未來」、「過去」的來回衡量中，最後從一大堆的「過去」中加以「揀選」，目的當然是希望能夠讓自己的「目前」和「未來」因此可以因應、發展得更好。

至於那兩個營隊要求必須檢附的證明資料，用處就是要取信於評審，讓評審知道自己可不是胡說八道的，每一個關鍵的內容都是有證據的。

像這樣子寫自傳，就是一次書寫「歷史」的具體練習。

此外，還有一件有趣的事。在寫自傳的過程中，討論到一些以前發生的事情，有些內容自己記得不是很清楚，因此會去問父母親、老師，或者小學、中學的同學，結果卻常常發現，同一件事情好像大家記得不太一樣，甚至於看法還不同。

其實，每一個人，包括自己，包括以前的人，人人都有歷史，人人也都是史家。自己小時候發生的事情，家人之間可能有不同的記憶或詮釋。同樣的道裡，在一個範圍更大、過程更複雜的歷史事件中，當事人、目擊者都有個說法，而且說法經常不同，甚至衝突。

更有趣的是，隨著時間的遞嬗，那些當年的各種看法中，可能只有一種會逐漸脫穎而出，並且在一個敘述的脈絡中繼續演進，成為人們共享的記憶。這個看法可能與該事件的相關史料無法吻合，卻已經成為一個深具影響力的「事實」。

這便可以回答一個許多人經常困惑的問題，為何研究歷史老半天，好像研究不完，「事實」不就是那樣子的嗎？

歷史之所以研究不完，是因為在過程中總免不了「揀選」，當時的人有揀選，傳遞故事的人有揀選，我們今天因為一些現實的關懷，或者對於未來的想像，一樣又做了揀選，於是歷史便研究不完了，而「事實」往往不只一個。此外，因為新的史料出現，或者新的觀點出現，即使看起來大家都已經接受的「事實」，也很有可能重新研究、重新爭議。

反思：所以，「蓋棺」可能論定嗎？

以上這些情形，都是很正常的。還記得瞎子們掌握「全象」的困難嗎？過去的歷史也宛如「全象」，我們每一個人往往只能摸索其中的一部分，甚至只相信其中的一部分。

必須說明的是，所謂情形「正常」，意思是不用太驚訝，但是，這並不代表這些情形都是「正確」、「恰當」的。

歷史總是「複數」，總是存在著多元的觀點與詮釋，而且各自有支持的史料證據，這是再正常不過的事了。面對這樣的「正常」，我們因此得保持開放的態度，尊重不同的觀點與詮釋。但另一方面，我們不能太鄉愿、太懶惰，有些事實或者道理，是可以在講究歷史探究的方法中逐漸釐清、統整的。

這個方法的關鍵，其實就是「脈絡化思考／理解」。

「脈絡化思考／理解」指的是不將歷史的發展當成是片段的、突發的、短暫的現象，但是這種理解也不是一種鋪天蓋地般的「羅織」，或者命定式的「決定論」，而且也沒有要試圖整併、統一成一種「事實」。

每一個人，無論現在的人，或者以前的人，在許多情境中還是保有自由意志，因此自然可以對其「處境」做出獨特的理解，以及行動的決定。而不同的人，即使身處同一時空脈絡中，也可能會做出不同的理解與行動。

我們針對一個歷史事件或歷史人物進行「脈絡化思考／理解」，就是嘗試從其已經發生的理解或行動，進行「原因」、「過程」、「結果」等層面的追溯分析、詮釋，乃至評價。

換言之，特定人物或者群體在過去所做的理解和行動，通常是經過「選擇」的，我們現在要來進行歷史思考或者脈絡化的理解，主要是針對「當時這樣選擇的原因、過程與結果」進行探索。但對於同時代、同事件當中不同的人「選擇」的各種可能性，我們應該永遠保持開放。

不同的「選擇」，是歷史或文明發展的事實。當我們愈是宏觀地看待世界上過去和現在文明的多元樣態，便愈能了解「保持開放」這樣一種價值觀，具有無比豐厚的事實依據。

對一個中學生而言，最為理想的「脈絡化思考／理解」可以分析如下：

一、**宏觀**

1. 長時段。
2. 專題式。
3. 概括性的「變遷與延續、斷裂」輪廓。
4. 開放的圖像。

二、**專注**

5. 意義。
(1) 以當時的情境事實、人物處境為基礎。
(2) 盡力呈現當時人們的不同觀點，以及採用後人不同的解釋觀點（comprehension，包含多樣觀點的理解）。
(3) 設法洞察事件或人物行動背後較為深層的原因，或者意義（understanding，設身處地或闡幽發微的理解）。

6. 證據：取捨和組織一手史料，以及後人比較重要的觀點，而成為證據、論證。

7. 自己的發現和心得。

當然，受限於客觀或主觀因素，目前多數中學生無法完全掌握與實現上述這七個工作。如此一來，為何要討論「脈絡化思考／理解」呢？

第一個理由是，形成一種「心嚮往之」的感受，並且知道目前的教科書內容、課堂教學流程，以及四選一的選擇題考試型態，應該已經到了必須改變的階段了，否則，歷史學習將依舊只是一種知識的灌輸，而「灌輸」正好是意識型態教育、政治管控的最佳手段。

第二個理由是，想要告訴大家，歷史絕不是「背科」，如果沒有進行一種脈絡化的思考、理解過程，只是一味地死背強記，不可能把歷史學好。四選一題型的考試分數，不能完全反映學習歷史的能力或成就。

本書書寫期間，關於歷史課程綱要的爭議仍在延續。姑且不論爭議的焦點為何，這些爭議一如往常，全部都集中在政治意識型態的角力，這似乎是歷史課程和教學的宿命。從這樣的處境出發，本書的出現或許就是又一次不願意接受上述「宿命」的努力。

之所以說是「又一次」，是因為有許多的歷史老師、學生，以及從事歷史學或歷史教育研究的學者，還有不少社會各界人士，早已經厭惡、並起而抗拒這種「宿命」，進而希望讓「歷史思考」重新成為理解這個世界與人類自己的關鍵能力之一，而這正是做為「人」或「公民」的一項必要條件。

要求中學生進行「脈絡化思考／理解」，目前當然過於勉強，但比較可行的辦法並非沒有，主要的可能有三：

1. 歷史老師在課堂上自行選擇某些單元、主題，帶著學生進行「脈絡化思考／理解」的練習。這樣的探索式練習也不必要一次就涵蓋全部的七項工作，而是根據學生的條件、可以運用的時間，循序漸進地練習。

2. 歷史教科書的編寫，以高中課程而言，應該可以把「一到四冊」必修課程做為一個整體，第五、六個學期的「選修」課程做為另一個整體。編寫者在關注「歷史事實」的同時，同步選擇某些單元、主題，設計、引導學生進行「脈絡化思考／理解」的探索式練習。

如果存在著困難，至少要在適當的題材上，以實際的例子，循序漸進傳達關於「脈絡化思考／理解」的一些重要觀念，或者知識。

3. 大型的入學考試，應該開始加進非選擇題，以一種運用題目所提供的多筆資料進行申論的方式，測試學生的歷史思考能力，而非死背強記的能力。

簡單地說，無論課堂教學、教科書，或者大型考試，應該開始引導學生從「知其然」，提升至「知其所以然」，而「脈絡化思考／理解」的練習，正是最重要、優先的部分。

若以操作上來看，馬上可以進行的，當然是歷史老師可以自行規畫安排的課堂教學。不過，這涉及到每位老師、學生的主客觀條件，學生能否有機會體驗「脈絡化思考／理解」的過程，發現其中的意義和樂趣，變數不少。

歷史教科書的編寫，比起課堂教學的調整，看起來似乎比較不容易，但是編寫教科書的學者專家通常都是一時之選，如果有引導學生進行「脈絡化思考／理解」的共識，在實踐上的可能性反而很高。

當然，一個十分務實的做法是「以考試領導教學」。當命題與評分的系統趨於成熟時，「脈絡化思考／理解」的開放式評量便可以實現。

臺灣的歷史教育發展所面臨的種種困難或侷限，其實也是具有豐富脈絡的，我們應該設法加以理解，以便發覺問題所在。另一方面，身處這樣的情境中，並不是每一個人都願意屈服於「政治主導」、「強記史實」的現實。

「政治主導」、「強記史實」型態的歷史課程，無法培養出具有大格局、尊重多元、喜愛思考的人。而具有大格局、尊重多元、喜愛思考的「人」，才是最理想的公民，也才最有可能理解現今人類社會所面臨種種挑戰（譬如氣候變遷、糧食危機、「伊斯蘭國」的戰爭與訴求、臺海兩邊競合關係、老年社會與世代正義、資本主義的全球風險與區域衝突、人工智慧成就與風險、生物科技成就與風險等）的前因後果，並且從脈絡化理解／系統性思考中，發揮創意、發現解決問題的關鍵。

如何成為這樣的「人」呢？

我們可以效法愛迪生，努力當一個「整體式的概念建構者」（holistic conceptualizer），以及「打造系統的人」（system-builder）。但是，這樣應該還不夠。

因為人類社會所面臨的種種挑戰，往往都是內涵十分寬廣的歷史課題，而且也具有切身相關的當代意義，並且攸關未來的禍福成敗，因此我們關於「系統」的掌握，應該比愛迪生更加關注年代、地理、社會，以及國際等層面的作用，謹記「系統」本身有其豐富「脈絡」的事實。

還記得狄更斯（Charles John Huffam Dickens, 1812-1870）以「法國大革命」做為時代背景所寫的小說《雙城記》（*A Tale of Two Cities*），開頭那一段著名的話嗎？

那是最好的時代，也是最壞的時代；是智慧的時代，也是愚蠢的時代；是信仰的時代，也是懷疑的時代；那是光明的季節，也是黑暗的季節；是充滿希望的春天，也是令人絕望的冬天。我們的前途擁有一切，我們的前途一無所有；我們正走向天堂，我們也正走向地獄。總之，那個時代和現在是如此的相像，以至於它最喧鬧的一些專家，不論說好說壞，都堅持只能用最高級的形容詞來描述它。

這段話傳達了十分豐富生動的歷史意識，而我們這個時代，似乎也如同他所描述的一般，充滿各種最好或最壞的可能。

期待歷史課，或者包含教科書在內的各種文本書籍，能夠以身作則，提供給青年學子學習歷史、培養脈絡化思考與理解能力的機會，這應是在這個時代中關於安身立命、淑世助人最重要的基礎。

主要參考／建議閱讀的書籍：

Brechtken, M. 著，江鈺婷譯，《為什麼要學歷史：面對當前世界危機的十個歷史教訓》。臺北市：商周，2020。

Hughes, T. P. 著，楊佳羚、林宗德譯，〈美國的電氣化過程：系統建構者〉。載於吳嘉苓、傅大為、雷祥麟主編，《科技渴望社會》（頁19-77）。臺北市：群學，2004。

林慈淑著，《歷史要教什麼？——英、美歷史教育的爭議》。臺北市：臺灣學生，2010。

閱讀筆記

閱讀筆記

國家圖書館出版品預行編目(CIP)資料

原來歷史可以這樣學 / 黃春木著. -- 增訂一版. -- 臺北市 : 商周出版,
城邦文化事業股份有限公司出版 : 英屬蓋曼群島商家庭傳媒股份有限公司
城邦分公司發行, 2024.09
288面 ; 14.8 × 21 公分

ISBN 978-626-390-216-9（平裝）
1.CST: 史學 2.CST: 史學方法
601 113009913

線上版讀者回函卡

原來歷史可以這樣學

作　　者／黃春木
企 畫 選 書／林宏濤
責 任 編 輯／陳思帆、魏麗萍

版　　權／吳亭儀
行 銷 業 務／周丹蘋、林詩富
總　編　輯／楊如玉
總　經　理／彭之琬
事業群總經理／黃淑貞
發　行　人／何飛鵬
法 律 顧 問／元禾法律事務所 王子文律師
出　　版／商周出版
城邦文化事業股份有限公司
台北市115020南港區昆陽街 16 號 4 樓
電話：(02) 2500-7008 傳真：(02) 2500-7579
E-mail：bwp.service@cite.com.tw
發　　行／英屬蓋曼群島商家庭傳媒股份有限公司城邦分公司
台北市115020南港區昆陽街 16 號 8 樓
書虫客服服務專線：(02) 2500-7718．(02) 2500-7719
24 小時傳真服務：(02) 2500-1990．(02) 2500-1991
服務時間：週一至週五 09:30-12:00．13:30-17:00
郵撥帳號：19863813 戶名：書虫股份有限公司
E-mail：service@readingclub.com.tw
歡迎光臨城邦讀書花園 網址：www.cite.com.tw
香港發行所／城邦（香港）出版集團有限公司
香港九龍土瓜灣土瓜灣道 86 號順聯工業大廈 6 樓 A 室
電話：(852) 2508-6231 傳真：(852) 2578-9337
E-mail：hkcite@biznetvigator.com
馬新發行所／城邦（馬新）出版集團 Cité (M) Sdn. Bhd.
41, Jalan Radin Anum, Bandar Baru Sri Petaling, 57000 Kuala Lumpur, Malaysia
電話：(603) 9057-8822 傳真：(603) 9057-6622
E-mail：service@cite.com.my

封 面 設 計／周家瑤
內 文 排 版／關雅云
印　　刷／高典印刷有限公司
經　銷　商／聯合發行股份有限公司 電話：(02) 2917-8022 傳真：(02) 2911-0053
地址：新北市231028 新店區寶橋路235 巷6 弄6 號2 樓

■2015年（民104）8月6日初版 ■2024年9月增訂一版
定價／380元

Printed in Taiwan
城邦讀書花園
www.cite.com.tw

ISBN 978-626-390-216-9（平裝）
ISBN 978-626-390-210-7（EPUB）